AF493764

Lh
362

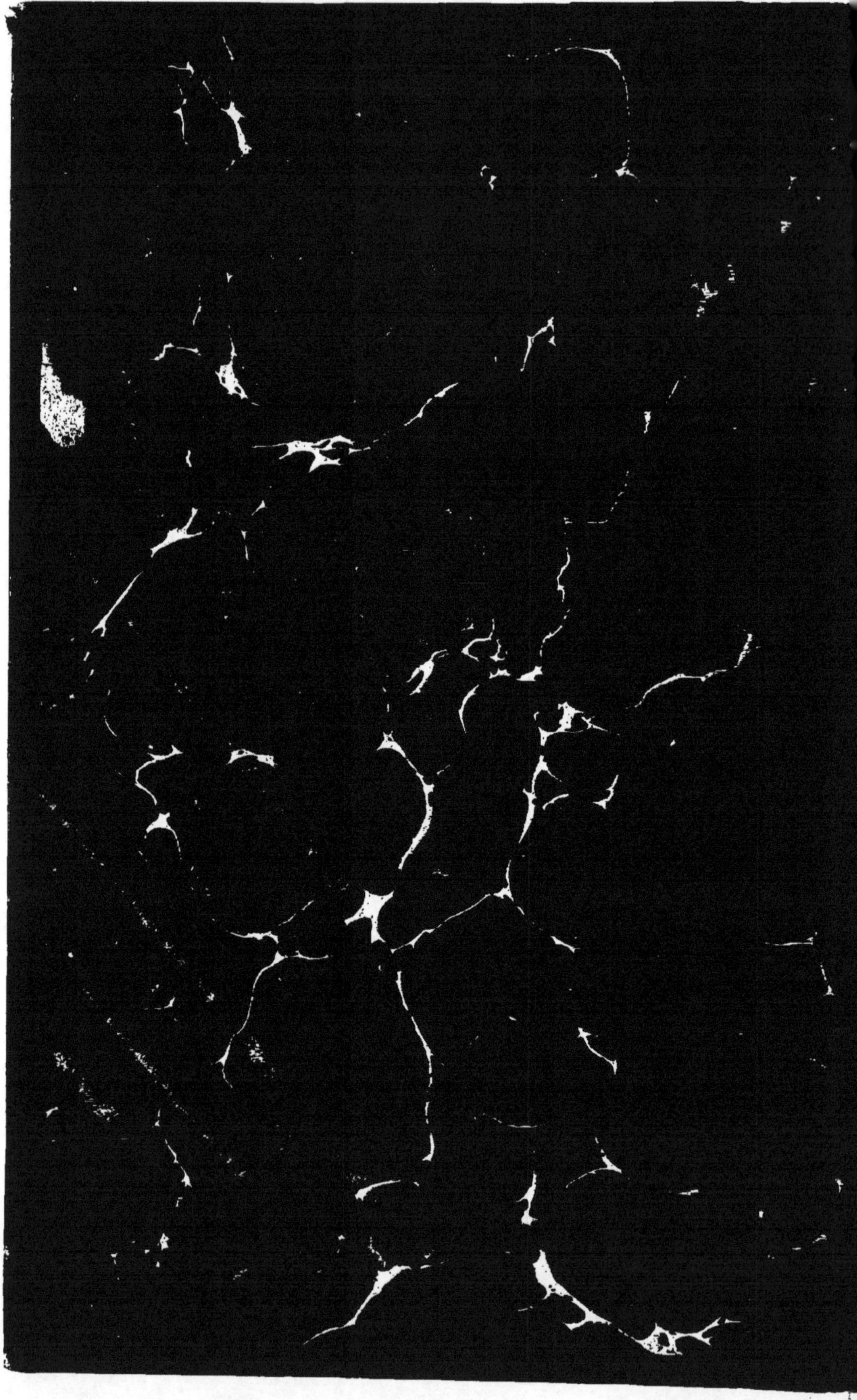

RELATION

DE

LA CAMPAGNE

D'AFRIQUE.

PARIS.—IMPRIMERIE DE G.-A. DENTU,
rue d'Erfurth, n° 1 *bis*.

RELATION

DE

LA CAMPAGNE

D'AFRIQUE

EN 1830,

ET DES NÉGOCIATIONS QUI L'ONT PRÉCÉDÉE,
AVEC LES PIÈCES OFFICIELLES, DONT LA MOITIÉ ÉTAIT INÉDITE.

PAR LE MARQUIS DE BARTILLAT,
commandant le quartier-général pendant la campagne.

DEUXIÈME ÉDITION,
revue et augmentée.

A PARIS,

CHEZ G.-A. DENTU, IMPRIMEUR-LIBRAIRE,
rue d'Erfurth, n° 1 *bis*;
ET PALAIS-ROYAL, GALERIE D'ORLÉANS, n° 13.

1832.

Avant-propos.

On avait reproché à la première édition de cette brochure d'être trop abrégée et d'avoir été écrite avec trop de précipitation ; l'auteur a complété dans celle-ci la partie politique antérieure à la campagne, et a ajouté plusieurs anecdotes curieuses au récit militaire ; il a pensé que les considérations politiques que l'on va lire donneraient plus de prix encore à son *Tableau de la campagne d'Afrique.*

La relation de cette campagne devait s'arrêter au moment où l'on a cessé d'être spectateur de nouveaux évènemens. Il eût fallu parler plus des hommes que des choses ; ce qui est entièrement opposé à notre habitude de considérer les faits. C'est sans doute moins piquant pour la curiosité; mais c'est plus convenable pour l'histoire.

Parmi les récits de cette campagne, on recherchera toujours avec empressement les ouvrages de MM. de Fernel et de Quatrebarbes (1), pour la partie militaire; celui du général Desprez, auquel on pourrait demander plus de franchise, moins de sécheresse et d'omissions; enfin les Anecdotes de M. Merle (2), où l'on retrouve sa gaîté, son esprit et tout l'intérêt d'une conversation agréable. On a cru devoir rendre cette justice aux narrations contemporaines, et on laisse au public à juger la nôtre.

(1) *Souvenirs de la campagne d'Afrique.* Par M. Théodore de Quatrebarbes. Seconde édition, revue et considérablement augmentée. In-8°. Prix : 3 fr, et 3 fr. 50 c. par la poste.

(2) *Anecdotes pour servir à l'histoire de la Conquête d'Alger en* 1830. Par J.-T. Merle, secrétaire de M. le comte de Bourmont, général en chef. Seconde édition, revue, corrigée et considérablement augmentée, ornée de deux cartes, de deux plans, et d'un dessin de Mgr le duc de Bordeaux. Prix : 7 fr., et 8 fr. 30 c. par la poste.

Ces deux ouvrages se trouvent chez G.-A. Dentu, imprimeur-libraire, rue d'Erfurth, n° 1 *bis;* et Palais-Royal, galerie d'Orléans, n° 13.

PRÉFACE.

Au moment où la monarchie devenait conquérante, elle tombait sous le bavardage de quelques factieux subalternes et sous les pavés de quelques stipendiaires. Cela s'est depuis appelé la volonté nationale, comme le gouvernement s'intitule la souveraineté populaire..

Pendant que l'armée d'Afrique déposait un trophée funèbre sur le cercueil de la monarchie, comme la victoire apportait sa dernière branche de laurier sur le front inanimé de Duguesclin, on récompensait les faits d'armes de cette mémorable expédition par toutes les calomnies et les impostures que pouvaient imaginer les plus habiles en ce genre.

Un des hommes les plus poursuivis était le général en chef. On le traitait à l'athénienne, car en France la jalousie cherche à effacer toutes les gloires qui ne servent pas la passion dominante. A Athènes, la prison, la mort ou le bannissement tinrent lieu de couronne à toutes les célébrités. On sait quelle fut la fin de ce peuple ingrat, ignorant et léger; il périt par son engouement pour la médiocrité, qui n'humiliait personne.

Depuis sa nomination au ministère, le maréchal Bourmont était en butte aux insinuations les plus perfides et aux accusations les plus mensongères. De fort honnêtes gens, blessés d'une préférence qu'ils regardaient comme une injustice à eux personnelle, accréditaient ces bruits et feignaient de les croire une vérité. Munis d'une cargaison de sermens faits ou à faire, on eût pu leur dire comme à la Samaritaine : Qui de vous osera jeter la première pierre? Ils répétaient avec assurance, sachant bien que la facilité de faire croire tient à la persévérance de la malignité, et que plus l'attaque est absurde, plus elle est persuasive. Au reste, la postérité fait justice et rend justice, et celui qui a vécu pour elle se repose sur le sentiment honorable qu'il s'est assuré dans la mémoire des hommes.

La liberté de la presse serait sans doute un avantage, si une discussion sage et mesurée en était la condition; si, conservant les convenances, elle respectait les personnes et controversait les principes avec modération. Mais ce genre de polémique ne peut être que l'attribut de l'âge, de l'expérience et du talent. La censure était donc une nécessité d'ordre, une loi d'État indispensable à sa conservation. On ne gouverne pas quand on s'impose l'entrave d'écouter toutes les folies des imaginations actives et déréglées d'un pays. Aussi pas une forme de gouvernement ne peut exister avec la presse telle qu'on nous l'a laissé faire. L'Angleterre, dont on a tant cité l'exemple, nous prouve qu'elle a supporté plus long-temps ce danger, parce que les élémens de sa Constitution étaient plus puissans d'action et de résistance; mais la presse a hâté la décadence de son gouvernement; elle en a miné les ressorts. Et ce principe si vanté aura d'autant plus prouvé son action destructive, qu'elle n'aura pas même respecté le mode constitutionnel auquel il doit son origine.

Ainsi, grâces à la licence effrénée de la presse, rien n'est plus sacré pour personne, aucune réputation ne peut plus se fonder ni se conserver. Il est cependant remarquable que le libéralisme a plus flétri ses coryphées dès qu'il les a mis sur le pavois, qu'il n'est parvenu à déconsidérer les gens de bien qu'il a le plus attaqués ou injuriés. En distribuant ses bons d'immortalité et de Panthéon à toutes les obscurités du pays, nul n'ignorait qu'au bout de huit jours le demi-dieu ne serait plus qu'une célébrité de guinguette.

On n'a voulu voir dans la campagne d'Espagne, si nécessaire pour rétablir la paix dans la péninsule, qu'un attentat contre la nation espagnole, qui repoussait, disait-on, de ses vœux, et au prix de son sang, une révolution par laquelle elle était dépouillée de sa liberté civile et de ses franchises provinciales. On a appelé cette nation barbare et ignorante pour n'avoir pas consenti à devenir l'ilote de quelques avocats ambitieux et la proie de quelques financiers avides.

La campagne de 1823 n'eut que peu de faits militaires, parce que la reconnaissance portait toutes les populations au-devant de leurs libérateurs, et qu'il n'y eut à combattre qu'un petit nombre de rebelles incorrigibles et désespérés; mais à défaut d'actions guerrières, la discipline parfaite de cette armée fit l'admiration de l'Europe entière, étonna l'Espagne, car les guerres de l'Empire n'avaient pas laissé la pensée qu'un tel contraste fût aussi promptement possible.

Puis arriva la campagne de Morée (1). Elle servit de pré-

(1) On sait qu'elle fut la cause de la célèbre bataille de Navarin, qui fournit à la marine française l'occasion de se couvrir d'une nouvelle gloire.

La dépêche qui contenait les instructions du cabinet de Saint-

texte à une trop grande faveur, qui, plus tard, fut reconnue par *plus* qu'une défection. On n'osa pas contrôler cette expédition, parce que nos écoliers politiques en firent des hymnes et des paradoxes en faveur de la Grèce antique, de la liberté et des républiques; ce qui n'a pas empêché que le résultat de cette croisade n'ait été une dépense énorme pour la France, l'assassinat du président, l'anarchie et une plus grande misère dans le pays. Tel est le produit net de toutes les inspirations libérales.

Puis est venue l'expédition contre Alger, proclamée folle, extravagante, impossible par l'opposition, qui ne faisait pas seulement des vœux pour que la France eût un revers, mais qui annonçait les plans du ministère, conseillait les moyens de résistance, etc., etc. Le revers fut pour ces intrigues anti-françaises. Alger fut conquis; alors l'opposition changea de thême. « Rien n'était si facile! cria-t-elle à toute voix; le succès s'est fait tout seul! » Il ne restait plus qu'à insulter l'armée. On l'accusa de déprédations, les chefs de concussion. On nomma une commission. A l'aspect des lieux, honteuse d'une telle enquête, elle vit sur le champ que la volonté la plus déterminée de prendre n'eût pas eu une possibilité d'exécution; que l'enlèvement de quelques paires de pantoufles et

James pour l'amiral Codrington fut rédigée en conseil des ministres; elle était fort modérée et ne poussait en aucune manière à combattre. Elle fut envoyée au duc de Clarence, comme grand-amiral; ce prince ne pouvait et ne devait rien changer au contenu de la dépêche; mais il prit sur lui d'ajouter ce peu de mots en post-scriptum : *if you find your chance; go it* (si vous trouvez une occasion favorable, profitez-en). Peu après la bataille de Navarin, il perdit la charge de grand-amiral.

de quelques chiffons sans valeur était un scandale préparé dont l'ignominie retombait toute entière sur ses auteurs. La commission fit à l'armée l'honneur de l'innocenter, et l'armée dédaigna autant cette absolution qu'elle avait méprisé l'offense.

Dans un pays à esprit public on eût, par nationalité, dissimulé à l'Europe des fautes réelles. Ici, on en a raconté d'imaginaires, pour diffamer le pays. Faites le compte des fortunes rapportées de l'étranger dans les campagne de la révolution, et mettez-les en balance avec celles de la restauration, que pas un officier n'a faites sans prendre sur son patrimoine. Au reste, voici deux ans que le libéralisme nous donne des preuves patentes de son incapacité profonde, de son ignorance absurde en administration, en politique, et, certes, il est loin de nous donner une grande idée de ses talens en économie, puisqu'avec les plus fortes diminutions sur les dépenses, il lui faut continuellement des emprunts, et un budget et demi par an.

On conviendra que si les hommes de la restauration étaient des fripons, et que ceux-ci soient les plus honnêtes gens du monde, la probité est si chère aujourd'hui, qu'on finira par s'en lasser.

D'où proviennent donc toutes les inconséquences, l'imbécillité ou les niaiseries des idées et des faits que nous voyons? C'est que la révolution ne peut souffler que l'esprit de désordre sur ses apôtres : la tribune, la presse, la société sont devenues le prêche de la déraison, l'école de toutes les théories inapplicables. Mais la pensée dominante est que rien ne doit plus être de ce qui a été.

L'ordre est un. Quelle que soit la forme et la nature du gouvernement établi, il y a des conditions stipulées par l'expérience et la raison, dont on ne s'écarte pas impunément. La première base de l'ordre social est donc que le gouvernement ait une grande force politique pour se soutenir et se protéger, et que les administrés aient une latitude assez forte de liberté civile pour défendre ses intérêts et assurer leurs personnes.

Mais que dire d'une société fondée sur l'absurde idéologie de la souveraineté du peuple? Pour user d'un droit, il faut d'abord le comprendre, et avoir ensuite la faculté de l'exercer. Athènes a produit un Solon, Lycurgue fut unique à Sparte, et les Hébreux n'eurent qu'un seul législateur : Moïse. Parlez-nous maintenant de quatre cents Solons impromptus, sortant d'une petite ville ou d'un village dont ils rapportent les petites passions, les préjugés de coteries, les haines ou les affections de vanité. Parlez-leur de hautes considérations politiques ou administratives, et ils vous répondront avec la présomption de leurs mesquines idées et de leur ignorance baptismale; ils trancheront avec la témérité de leur inintelligence. Tout est métier dans la vie; mais il faut réunir l'aptitude et l'apprentissage. Peu d'hommes priment dans les arts, dans les professions mêmes, et chacun prétend aborder et improviser les questions les plus importantes de l'esprit, puisqu'elles décident du bonheur et du repos des Etats. Aussi, vivons-nous et vivrons-nous de révolutions successives jusqu'au jour où un homme dominera la société, et mettra à leurs places les hommes et les idées qui sont en harmonie avec l'ordre public, en congédiant tous les masques, qui font du gouvernement une parade déplorable, au lieu d'une représentation grave, sérieuse et utile.

La conquête d'Alger était, indépendamment du haut

fait d'armes, la plus fertile branche d'industrie à exploiter par la France. M. de Bourmont en avait parfaitement compris l'importance. Son caractère positif, son esprit délié avaient su apprécier les moyens d'influence sur la détermination des chefs de tribus et sur ces mêmes tribus. Il voulait d'abord soumettre, en partie par la force, en partie par les négociations, toutes les possessions de la régence. Puis il aurait, à l'exemple de la Russie dans le Caucase, établi une population européenne par la colonisation militaire; des villages à l'abri d'un coup de main, des colons belliqueux produisant par le travail, et défendant leur industrie par leur courage; gagnant progressivement du terrain par ce double effort, sur le sol et contre l'ennemi; inspirant le goût de la civilisation par le tableau parlant de ses avantages; frappant les imaginations orientales de ces créations d'une nature nouvelle, plus paisible dans ses jouissances, plus douce dans ses rapports. Il eût donné aux indigènes des besoins inconnus; il eût tourné leurs actives intelligences vers des pensées plus élevées; enfin, il eût amené l'intérieur de l'Afrique à lier de préférence ses intérêts commerciaux à ceux du commerce français. L'Afrique fût devenue une carrière ouverte à la fortune pour l'homme laborieux; un théâtre d'aventures pour les têtes exaltées. La France eût participé à la prospérité du premier, elle eût été délivrée de l'esprit inquiet et remuant des autres.

Mais toutes ces réalités d'avenir se sont métamorphosées en chimères entre les mains du libéralisme. Déjà le gouvernement a eu la coupable pensée d'abandonner cette colonie. Arrêté par la clameur française, il en a renié même le projet. Il garde Alger malgré lui, à titre onéreux;

l'ayant perdu moralement, jusqu'à ce que son impéritie lui arrache une possession, dont l'origine lui fait détester la valeur. Ainsi le libéralisme ne sait que détruire pour remplacer par la misère et par l'anarchie. La dernière révolution est un bonheur d'expérience pour tout homme réfléchi. Elle a ôté le pouvoir à ceux qui en avaient renié ou méconnu les principes et les devoirs. Elle l'a donné aux entrepreneurs de liberté, elle l'a remis complet, sans réserve, aux acclamations d'une foule ébaudie, sans mémoire du passé, sans sollicitude d'avenir. On l'a exercé ce pouvoir, et il s'est flétri dans toutes les mains qui l'ont touché. Lois et mœurs, hommes et places, dignités et religion, tout a été déprécié, insulté. On n'a eu que *la liberté* d'opprimer, *l'égalité* d'injurier toute espèce de supériorité. La Providence continue cette grande leçon ; elle la fait marcher le châtiment à la main, jusqu'à ce que le repentir ou de plus grandes calamités viennent toucher les cœurs. On condamne les saints-simoniens ; mais il ne font qu'outrer les doctrines du jour : ils sont arrivés au but où l'on court sans le savoir. Ils n'ont fait que vous devancer. Ce sont les praticiens de vos théories.

Mais ce qu'il y a de plus remarquable dans la situation du pays, c'est à quel point la fatalité des circonstances a faussé de nécessité les vœux, les espérances, je dirai mieux, les actes de tous les partis. Cherchant plutôt un appui dans les faits que dans leurs principes, essayant des amalgames impossibles, chaque opinion est parvenue à être dans une contradiction perpétuelle avec elle-même, et ce sera un des caractères distinctifs de l'époque.

Ainsi les légitimistes désirent le triomphe héréditaire, sans dissimuler le ressentiment qu'ils conservent contre les hommes dont l'imprévoyance et le peu de résolution ont perdu la monarchie. Ils craignent le retour aux affaires d'une partie de ces hommes ; et ils les vantent, ils les patronnent!!

Les honnêtes gens du parti républicain travaillent avec ardeur au succès de la cause, tout en frémissant des excès qui accompagneraient ou suivraient sa domination.

Le juste-milieu, pressé par ces deux partis, les déteste également, et voudrait pouvoir les anéantir : pauvre capacité! il croit s'affermir, à chaque carliste qu'il dévore, à chaque républicain qu'il absout ; il a tué un ami de l'ordre, et donné de la force à un ennemi du pouvoir.

Après ce rapprochement, vient le rapprochement général. Là, on trouve tous les hommes paisibles, comprenant que ceci est oppresseur, niais, impossible, et qui souhaitent sa durée, dans la crainte d'un état pire !

En résumé, on fera de l'histoire avec divers évènemens de la restauration. Malgré ses fautes, ses faiblesses, les vues bornées de ses ministres, elle a eu ses périodes de grandeur ; et l'expédition d'Afrique est pour elle un titre de gloire qu'aucun Zoïle n'arrachera des archives de la postérité. Mais de ceci on ne fera jamais un poëme épique, à moins que quelque paladin nouveau ne nous rapporte sur quelque hippogriffe la fiole de la raison française. Et toute la poésie de l'époque sera dans le dénouement.

RELATION

DE LA

CAMPAGNE D'AFRIQUE

EN 1830.

Les décrets violens de l'empereur Napoléon contre les Anglais et contre la navigation des neutres, l'inexécution du traité du 17 décembre 1801, qui rendait le gouvernement français et celui de la Régence d'Alger solidaires des créances de leurs sujets respectifs, avaient élevé de vives contestations entre les deux Etats. Le droit était en faveur de la Régence ; la France avait même refusé l'examen des réclamations de la maison Bacri. Les Algériens, irrités de ce déni de justice, retirèrent, en 1806, les concessions faites à la Compagnie d'Afrique ; nos possessions territoriales furent transportées aux Anglais, en garantie des créances réclamées. Les propriétés françaises furent saisies. Ces violences amenèrent des représailles sans efficacité. Le retour de Louis XVIII au trône de ses pères permit d'entamer des négociations dont les apparences offrirent l'espoir d'une paix stable.

M. Deval, nommé consul-général à Alger, y débarqua le 1er mars 1816. Il sut mettre un terme à ces difficultés, par un arrangement qui semblait également favorable aux deux nations.

Par décision du roi, on avait donné à M. Deval la disposition d'une somme de 478,891 fr., pour faire droit aux plus pressantes réclamations des Algériens; mais la France n'avait pas recouvré sa situation première à Alger, ni les bénéfices d'un commerce exclusif qu'elle possédait depuis plusieurs siècles.

Quelques détails préliminaires sur l'origine de nos établissemens et sur l'étendue de nos droits, paraissent ici nécessaires.

Avant l'usurpation de Khair-Eddin Barberousse et l'établissement des Turcs à Alger, la pêche du corail avait attiré des Français sur la côte de Bone. Les Arabes, au moyen de quelques présens annuellement renouvelés, cédèrent aux pêcheurs dix lieues de côtes entre la rivière Seibus et le cap Roux, limite des États de Tunis. On construisit cinq forts pour protéger nos établissemens; le fort la Calle était le principal.

Le sultan Achmed reconnut, en 1604, les droits de la France à ce comptoir. Ils furent maintenus en 1694 par la Régence d'Alger, et depuis servirent de base à toutes les stipulations avec le dey, et notamment au traité de 1768.

A nos avantages commerciaux, le temps et l'usage avaient réuni une sorte de suzeraineté. L'administration du bastion de France nommait le scheick de la Mazoula, tribu arabe du voisinage. Le dey s'était réservé seulement le droit d'investiture, et le consul de France exerça encore cette faculté en 1822, en faveur du scheick Ben-Mentis, qu'il présenta, et qui fut investi par le dey.

Les avantages commerciaux dont jouissait la France étaient dénommés *concessions d'Afrique*. C'étaient la pêche du corail, le commerce exclusif avec la province de Constantine; une redevance annuelle, que les évènemens ont souvent rendue variable, en était le prix.

Les Anglais possédaient encore tous les avantages que la Régence nous avait retirés. En 1806, malgré l'accord que nous venions de faire avec elle, ils semblaient y attacher si peu d'importance, que le dey saisit la première occasion de leur retirer des droits pour lesquels il entra sur le champ en négociation avec la France. Il était fort difficile de conclure : les Anglais avaient avancé de fortes sommes, et tous nos établissemens ne présentaient que des ruines.

Jamais notre redevance n'avait excédé 80 mille francs; elle avait été fixée en 1790 à cette somme avec le dey Babo-Mohamed; mais les Anglais l'avaient portée à 250 mille francs. Omar-Pacha exigeait de nous 270 mille francs, ce qui élevait cette charge à 320 mille francs, en y comprenant les présens d'usage au dey et aux différens chefs arabes.

Le 25 février 1817, la France autorisa son consul à un traité provisoire, fixant à 180 mille fr. le *maximum* de la redevance, sans égard pour les accessoires établis par les anciennes coutumes. Elle se réservait de déterminer dans un traité définitif le prix des concessions, en raison des avantages qui nous seraient rendus ou qui seraient stipulés.

Il était impossible d'espérer le moindre succès en se conformant à la lettre de ces instructions; en conséquence, le consul signa le 15 mars une convention portant à 214 mille francs le montant des redevances tant en principal qu'accessoires, pour le privilége des concessions d'Afrique.

Le dey exigea, en outre, un prélèvement annuel de trois quintaux de corail; deux pour la

Régence et un pour le bey de Constantine.

Le ministère algérien reçut, selon l'usage, des présens considérables pour la conclusion de ce traité. La cour de France l'approuva, et remit au consul 160 mille francs pour commencer l'accomplissement des conditions. Mais une de ces révolutions, si fréquentes dans les gouvernemens orientaux, fit entrevoir à M. Deval la possibilité de revenir sur la convention onéreuse qu'il avait été forcé de consentir.

Omar-Pacha fut tué. Son successeur Aly refusa d'abord de ratifier le traité fait avec son prédécesseur, et finit par l'approuver de mauvaise grâce, le 15 septembre 1817.

Ce n'était qu'à l'aide du temps, du travail et par de fortes avances qu'on pouvait rétablir le comptoir français en Afrique. Cet établissement devait être long-temps onéreux, avant de redevenir productif. Le consul différa d'acquitter les redevances, alléguant la nullité des produits, les avances considérables nécessitées par un abandon de plusieurs années. Il se flattait d'obtenir ainsi, dans la diminution des redevances, le moyen de couvrir une partie des pertes du gouvernement français.

On reprit les négociations *ab ovo* Le dey reconnut la justice de nos réclamations, et combien la transaction avec Omar-Pacha nous était défavorable : il accepta l'acte de 1790, qui établissait à 80 mille francs le prix de la redevance. Ce traité, ainsi renouvelé, fut transcrit en présence du divan, le 26 octobre 1817; et les arrérages furent acquittés sur cette base, jusqu'au 11 septembre.

Un changement aussi subit des dispositions du dey, qui consentait à diminuer les charges de la France, était loin d'être désintéressé. Pendant la conférence, il avait souvent exprimé le désir de recevoir de nous une frégate complètement armée et équipée, en retour de son intention de nous favoriser. Le consul avait accueilli cette ouverture pour faciliter les négociations.

C'est, en général, une combinaison mesquine et malhabile de chercher à obtenir des avantages, en donnant des espérances fausses, ou même incertaines. La mauvaise foi entraîne la méfiance. On reperd par la violence ce qu'on avait gagné par l'astuce ; et ce n'est guère que de fortes commotions qui permettent de revenir utilement sur le passé, parce qu'elles font naître des chances d'établir un nouveau système.

Bientôt les insinuations du dey devinrent des réclamations. Il écrivit au consul :

« J'accorde volontiers à la cour de France de « rétablir les redevances sur le pied de la con-

« vention de 1790; mais écrivez à votre gouver-
« nement que je tiens à ce qu'il m'envoie un
« beau vaisseau; sans quoi je ne vous regarderai
« de ma vie, et ne voudrai plus entendre parler
« d'aucune affaire française. »

Plus tard, le 30 décembre 1817, il répétait cette prétention en ces termes :

« Vous savez ce que vous m'avez promis : j'en
« attends l'effet. Faites vîte arriver un beau vais-
« seau bien monté et bien muni de tout; et dans
« ce cas, disposez de moi comme vous voudrez.
« Le pays est à vous. Mais je suspendrai toute
« disposition en faveur des Français, et je verrai
« ensuite quelles sont les convenances du gou-
« vernement. »

Aly-Dey vécut trop peu pour trancher une question qu'il avait cru résoudre par des formes conciliantes et une loyauté réciproque. La peste enleva ce prince en février 1818. Hussein, ministre de l'intérieur, fut choisi pour le remplacer. Ce ne fut pas sans difficultés que celui-ci confirma le privilége des concessions : les présens envoyés à Prepesa, principal ministre, décidèrent la ratification des traités, le 4 mars.

La conclusion si rapide de cette affaire ne devait pas laisser d'inquiétude sur ses conséquences. Mais le nouveau dey et son conseil n'avaient pas oublié les désirs et les espérances d'Aly. Dès-lors tout fut remis en discussion, et Hussein fit déclarer au consul, le 12 avril, qu'il n'entendait plus reconnaître le renouvellement du traité de 1790, puisque la France avait refusé le don gratuit d'un vaisseau armé. Il ajouta qu'il prétendait s'en tenir aux redevances stipulées avec Omar-Pacha, celles qui avaient été acquittées par les Anglais depuis 1807.

Ces difficultés croissantes furent encore compliquées par de nouvelles instructions venues de France, en date du 19 mars, qui annulaient ou devaient beaucoup modifier les avantages accordés par les derniers deys.

Le gouvernement français se refusait positivement au don d'un vaisseau, employant tous les détours possibles pour prouver que ce n'était pas une des conditions du traité, et en même temps il engageait le consul à trouver quelque raison plausible pour détourner le dey de cette persistance, préférant renoncer au traité du 26 octobre, et se bornant à solliciter quelques changemens à celui d'Omar-Pacha.

Une telle exigence rendit la position du consul d'autant plus embarrassante, que le dey soutint ensuite qu'il avait regardé le don d'un vaisseau de guerre comme une condition expresse du traité.

Toutefois, malgré sa déclaration du 22 avril, le dey accepta le 4 mai un quartier arriéré, sur le pied de 1790. Sur-le-champ le consul lui fit remettre un rubis valant 1200 piastres fortes, et distribua 3,200 piastres fortes en divers présens aux membres de la Régence. M. Deval se persuada que ces témoignages réciproques de bonne intelligence aplanissaient toutes les difficultés, et condamnaient à l'oubli toutes les prétentions passées.

Mais le dey et ses ministres avaient senti avec amertume la nécessité de renoncer à un avantage qui leur paraissait un droit acquis, et ils ne tardèrent pas à nous donner des marques de leur malveillance.

Le 19 avril, le dey exigea les deux quintaux de corail choisi (valeur de 10,000 fr.), portés dans la convention du 15 mars, mais qui n'étaient pas mentionnés dans celle d'Aly-Dey. Un long usage avait consacré cette réclamation; et le consul, après une grande opposition, fut obligé d'acquiescer à cette demande, qui depuis n'a pas été contestée.

Les tracasseries de la Régence semblèrent s'accroître par la condescendance du consul. Elle autorisa le séjour et le commerce des négocians anglais et mahométans sur les côtes exclusivement cédées à la France. Elle refusa la restitution de la maison française et des magasins de Bone, occupés en 1806 par les Anglais, qui en sont encore en possession. Le consul porta plainte, le 21 août, à la Régence, de toutes ces infractions. Le ministère algérien promit justice, et ne s'en inquiéta pas davantage.

Le consul renouvela, en 1819, des représentations qui ne furent pas mieux accueillies. Au mépris des traités, le consul d'Angleterre venait de faire à Bone un chargement de laines pour son compte; les étrangers commerçaient librement sur toute la côte que les traités avaient exclusivement affectée au commerce français. Les intrigues des agens anglais et napolitains cherchaient à nous arracher, pièce à pièce, les priviléges des concessions. Il ne nous en restait plus que les charges, sans que nous en retirassions le moindre produit.

Le résultat de nos négociations avec la Régence devenait chaque jour plus incertain, lorque le 6 septembre 1819, l'expédition combinée de France et d'Angleterre, sous les ordres des amiraux Freemantle et Jurien, parut devant Alger. Leur but était, de concert avec les consuls de la chrétienté, de signifier au dey le protocole d'Aix-la-Chapelle, la résolution de mettre un terme aux pirateries des Etats barbaresques. Il était enjoint d'obtenir du dey une adhésion pleine et entière. Ce prince déclara ne pouvoir se désister du droit établi de visiter tous les navires sans distinction, d'arrêter et de confisquer ceux dont les papiers ne seraient pas en règle. Il signifia qu'il ne reconnaîtrait pour amies que les nations ayant des agens accrédités près de lui ; qu'il traiterait les autres en ennemies. Il refusa d'ailleurs toute adhésion écrite aux décisions du congrès. L'opinion générale, à Alger fut que des instructions secrètes adressées au consul d'Angleterre avaient autorisé une intrigue pour enhardir la Régence à résister à ces démonstrations.

Aucune résolution énergique ne suivit l'inutile démarche des cours de France et d'Angleterre. Fier de son refus, le dey conçut un vif ressentiment contre les cabinets européens. Convaincu qu'ils n'oseraient recourir à la force des armes, il se montra chaque jour plus difficile sur l'exécution des traités; et nous n'avions plus à attendre de lui que des mesures préjudiciables à nos intérêts commerciaux.

La pensée du dey se reportait sans cesse sur le traité conclu par nous avec Omar-Pacha ; le consul anglais rappelait en même temps les capitulations favorables que l'Angleterre avait consenties; et le dey avait si fortement la volonté de recouvrer ses droits, qu'au mois de juillet 1819 on agita dans son conseil privé la question de déclarer la guerre à la France.

Le départ des escadres rendit encore le dey moins sensible aux réclamations de la France. Il en vint à exiger qu'elle renonçât aux concessions. Le consul répondit que la perte des priviléges sur le territoire d'Alger ne nous empêcherait pas de posséder, sans redevance, le bastion de France, la pêche exclusive du corail et le droit de suzeraineté sur les Arabes de la Mazoula; de poursuivre la restitution de la maison de France; enfin, que si nous abandonnions 200,000 piastres d'indemnité dues par la Régence pour le rétablissement de nos forts détruits, nous serions en même temps libérés des prétentions des sujets algériens.

Les conférences prirent dès lors un caractère si orageux, que le consul dut en prévoir la plus fâcheuse issue, et il s'empressa de demander l'envoi d'un officier supérieur pour continuer les négociations, ou pour déclarer la guerre à la Régence, n'entrevoyant plus aucune possibilité de conciliation. Mais le cabinet des Tuileries, qui avait compris les causes du mécontentement des Algériens, et senti qu'ils voulaient à tout prix recouvrer les avantages du traité d'Omar-Pacha, venait d'expédier, par dépêche officielle du 13 mars 1820, l'autorisation au consul de déférer aux réclamations de la Régence, et de conclure avec elle une convention fixant à l'avenir le prix des concessions au taux stipulé par le traité de 1817.

Pour ne pas ajouter aux exigences du dey, le consul se garda d'avouer ses nouvelles instructions, se réservant d'en faire usage au moment où des discussions, faciles à pressentir, lui permettraient de se servir fructueusement d'un pouvoir plus étendu.

En effet, le 12 juin, le dey rompit le traité en refusant de recevoir le paiement des redevances au taux de 80,000 fr. Il déclara en même temps qu'il ne recevrait que d'après le tarif de 214,000 fr., fixé par la convention d'Omar-Pacha. Après de longs débats, le consul acquiesça à la prétention du dey, qui reconnut de nouveau le droit exclusif de la France à la pêche du corail et au commerce avec la province de Constantine. Ce sacrifice ne mit pas un terme aux vexations que nous avions à souffrir de la concurrence des étrangers sur la côte réservée; il augmenta l'insolence du dey. La Régence se montra chaque jour plus exigeante. De trop grandes concessions en affaires ne servent jamais qu'à en accroître le désordre, et diminuent même la possibilité d'y remédier. C'est dans cette disposition habituelle du gouvernement français de toujours négocier, et d'établir un état provisoire dans l'espérance de quelque heureux changement, qu'il faut chercher les causes de son empressement à satisfaire aux obligations du traité de 1801. On examina avec soin les réclamations de la maison Bacri. Il eût été facile d'en contester la validité et d'en débattre la quotité; mais le 19 octobre 1819, avec Nicolas Pleville, fondé de pouvoir des intéressés, on arrêta à 7 millions de francs le montant des créances réclamées pour les fournitures de blé faites sous le gouvernement de la république aux armées d'Italie et de la Moselle.

Les prétentions de Bacri s'élevaient à 11 millions 354,000 fr., sur lesquels 1,256,000 fr. devaient revenir à des tiers. Le ministre des finances, en août 1800, avait fixé la créance à 9,912,000 fr., sans compter des intérêts et diverses indemnités non réglées; et le consul de France à Alger avait été autorisé à promettre le paiement de cette somme.

Les Chambres ayant admis la proposition du gouvernement, et porté au budget la somme promise à la Régence, une ordonnance du roi de 1820 prescrivit le remboursement à faire à la maison Bacri. On la communiqua officiellement au dey, en lui demandant en retour une déclaration formelle que la France avait rempli les obligations des articles 14 et 15 du traité de 1801 : on eut beaucoup de peine à l'y décider et à l'obtenir d'une manière complète.

La faiblesse du gouvernement encouragea une suite de tracasseries de détail, des injustices secondaires fort nuisibles à notre commerce. On nous menaçait sans cesse de transporter nos priviléges à une autre nation ; on établissait des droits nouveaux et onéreux pour nos négocians ; on éludait la restitution de la maison de France et des propriétés françaises à Bone ; et ce ne fut qu'en 1824 qu'on obtint enfin de rentrer dans la maison de Bone, et ce ne fut pas sans de nouvelles exactions.

En octobre 1824, un bâtiment romain, pris par des corsaires algériens, fut relâché à la sollicitation du consul ; mais ce ne fut qu'au mois de février suivant que le dey consentit à défendre la course sur les sujets du pape ; et encore ne voulut-il engager qu'une parole verbale. L'interprétation de cette promesse devait bientôt devenir la source de plus graves démêlés.

Ce fut à cette époque qu'une révolte dans la tribu des Koraïbs, irrités des vexations de l'aga du gouvernement, mit le dey dans la nécessité d'ordonner l'arrestation de tous les hommes de cette nation. Il n'excepta pas même ceux de ces Arabes qui font ordinairement partie des serviteurs des consuls. Il ne voulut entendre aucune des représentations sur le droit des gens établi en Barbarie et en Turquie; il viola le droit d'asile, reconnu de temps immémorial en faveur des consuls et des ambassadeurs. La maison du consul de France n'échappa à cet outrage que par l'évasion des Koraïbs qui lui étaient attachés; mais le consul d'Angleterre, n'ayant pas voulu renvoyer les siens, mit son pavillon en travers de sa porte pour faire respecter l'entrée de la maison consulaire. On enleva le pavillon; le consul fut obligé de s'embarquer; et malgré les menaces de l'Angleterre, jamais le dey ne voulut dès-lors le recevoir; il donna constamment pour motif de son opposition à son retour, qu'il ne pouvait répondre de son peuple. Mais cette résistance tenait à un principe d'intérêt. Il voulait un nouveau consul, parce que l'accréditement d'un agent diplomatique entraînait toujours de riches présens de la part des puissances qui n'étaient pas tributaires de la Régence. On refusa à l'Angleterre une satisfaction qu'elle fit demander par un agent spécial. N'ayant pu réussir, le consul anglais quitta Alger le 29 février 1824.

La guerre continuait contre les Koraïbs, qui s'approvisionnaient par Bone et par la côte comprise dans les possessions françaises.

Les plaintes des employés de la Régence animèrent le dey contre tous les Européens, et plus particulièrement contre les Français. On fouilla toutes les maisons des Francs résidant sur la côte, violant ainsi les capitulations faites avec la Porte. Elles mettent les agens français à l'abri de ces visites, à moins d'avoir prévenu le consul et obtenu de lui un permis. Ces perquisitions prouvèrent que les Français étaient étrangers à la contrebande dont on se plaignait. On demanda des réparations, qui furent constamment refusées.

Non content de cette violation du droit des gens, le dey, le 7 septembre 1825, frappa arbitrairement d'un droit de 10 pour 100 les marchandises importées à Bone pour le compte de l'agent de France, et contre la teneur expresse du traité de 1694, qui déclare que l'agent des concessions doit être exempt de tout droit de douane, à l'entrée comme à la sortie.

Aucune réclamation ne put obtenir du dey le

changement de cette mesure vexatoire; il en fit même la condition du dernier traité avec la France.

Enfin, encouragé par le succès de tant d'injustes prétentions, le 14 août 1826, le dey fit charger de fers le juif Jacob Bacri, et le força de lui céder le reliquat des créances non acquittées par la France. On rejeta sa demande d'un prompt paiement. L'irritation du dey ne connut plus de bornes. Il fit armer en course contre les bâtimens romains, et bientôt plusieurs prises furent amenées à Alger des côtes de l'Etat pontifical. C'étaient les navires *le San-Francesco di Paola* et *le San-Antonio*, d'une valeur d'environ 5,000 piastres fortes. Ces deux navires, capturés par les Algériens, *sous pavillon blanc*, furent déclarés de bonne prise, et sur-le-champ vendus.

En même temps le bateau de poste *le Gustave*, venant de Corse à Toulon, et portant des dépêches pour le service du roi, fut attaqué et visité par des corsaires algériens; ils maltraitèrent et rançonnèrent également l'équipage et les passagers du navire *la Conception*.

Le capitaine Fleury parut devant Alger, le 22 octobre 1826, avec la frégate *la Galatée* et la goëlette *la Torche*. Le dey, n'écoutant pas plus ses remontrances que celles du consul, demanda une somme considérable à l'Etat pontifical pour prix d'une paix établie avec la Régence, et refusa d'ailleurs positivement de respecter à l'avenir le pavillon romain. Il s'obstina également à méconnaître les capitulations faites entre la France et la Porte.

Au mois d'avril 1827, le dey résolut de rompre la paix conclue cinq ans avant avec le grand-duc de Toscane : il exigeait de ce prince une somme de 24,000 piastres fortes, tandis que le paiement fait en signant le traité avait été le gage d'une paix perpétuelle. Il arma, menaça de bloquer Livourne. Le grand-duc recourut à l'intervention de la France; mais le ministre des affaires d'Alger déclina l'intervention et toute explication avec notre chargé d'affaires.

Ces démêlés prirent chaque jour un caractère plus grave; la patience de la France amena le dey à croire qu'il pouvait tout oser; il saisit avec empressement une occasion solennelle pour nous faire un dernier et sanglant outrage.

L'usage à Alger est que les consuls complimentent le dey à l'occasion des grandes fêtes consacrées par les lois musulmanes, et le consul de France est admis avant tous les autres agens européens.

Le 19 avril 1827, au lieu des conversations pacifiques qui ont lieu dans cette circonstance, le dey entra en discussion sur les différends de la France et de la Régence, et s'emporta au point d'injurier grossièrement et de frapper notre consul.

Après cette scène scandaleuse, toute relation dut naturellement cesser avec le dey et ses ministres. Le gouvernement détacha, aussitôt qu'il le sut, une division de six bâtimens de guerre, commandés par le capitaine Collet, avec la mission de prendre à son bord le consul de France, les sujets français, et de demander immédiatement, et avant tout, une réparation éclatante des outrages faits à la France en la personne de son chargé d'affaires.

Le refus du dey devait être considéré comme une déclaration de guerre.

Le consul de Sa Majesté, secondé par le commandant des forces navales, devait, en outre, exiger : 1° le châtiment des chefs algériens, qui avaient commis des actes de piraterie contre des bâtimens français, et notamment contre le bateau de poste *le Gustave;* 2° le paiement des marchandises françaises enlevées sur le navire espagnol *l'Armide*, avec les indemnités convenables envers les propriétaires; 3° la restitution du prix des navires capturés par les corsaires d'Alger; 4° la déclaration expresse de respecter à l'avenir le pavillon romain.

Le consul devait encore profiter de cette occasion pour stipuler des garanties plus formelles que par le passé, dans le but de prévenir de nouveau sujets de mésintelligence, et d'assurer les propriétés, les droits et les personnes des sujets de Sa Majesté contre la violence des Algériens.

Le 11 juin, le consul décidé à partir, et pour éviter la violence du dey, alla demander au ministre de la marine l'agrément de déjeûner à bord de *la Torche;* dès que son vice-consul apprit qu'il avait rejoint ce bâtiment, il amena le pavillon du consulat. La guerre était déclarée! Le lendemain, la division tout entière parut dans la rade d'Alger, et on exécuta immédiatement les ordres du roi.

Le comte Dattilli, consul de Sa Majesté sarde, fut choisi par la France pour intermédiaire avec la Régence.

Le 14 juin, il transmit la demande d'une réparation à laquelle la Régence répondit par des invectives et la dénonciation des hostilités.

Dès lors, tous les établissemens français, à la Calle, et sur la côte, furent abandonnés, ravagés, détruits de fond en comble. Des navires français furent attaqués et pris par les Algériens.

Une division algérienne, composée d'une frégate de 60 canons et d'une corvette de 30, sous les ordres de l'amiral Mustapha-Captan, était dans le port d'Alexandrie, avant la rupture entre la France et Alger. Elle faisait partie de la flotte turco-égyptienne. Nous avons abandonné à Mehemet-Ali ces deux bâtimens, hors d'état de reprendre la mer.

Déjà, vers le milieu du siècle dernier, les Algériens insultaient, sans ménagement, le commerce français; visitaient ses navires, rançonnant les passagers, et emmenant les bâtimens à Alger, sous le moindre prétexte. Souvent le capitaine et les équipages étaient mis à la chaîne, et expiaient, par la bastonnade, leur résistance aux corsaires. Le Maire, consul de France, termina au bagne, en 1756, sa longue et pénible mission. Il y resta un mois entier, et n'en sortit qu'en portant ostensiblement l'anneau des forçats, témoignage public de l'insolence de ces pirates, et de leur mépris pour notre faiblesse.

Aussi, Griselle, vicaire apostolique, chargé des affaires de France, après le départ forcé de notre consul, écrivait en 1763 : « L'état de consul est « si avili, que je ne conçois pas comment quel- « qu'un se sacrifie pour en remplir les fonctions. »

L'expédition de lord Exmouth, en 1816, avec les escadres combinées d'Angleterre et de Hollande, dont le but principal était l'abolition de l'esclavage, n'eut qu'un résultat momentané. L'amiral s'était fait précéder par une corvette qui devait prendre à bord le consul d'Angleterre Macdonell; mais il n'eut pas le temps de s'embarquer, et fut jeté en prison, la chaîne au cou. Sa femme trouva le moyen de s'échapper travestie en *midshipman;* un enfant en bas âge, qu'elle emmenait, faillit la faire reconnaître. Un cri parti du panier qui le renfermait, le fit visiter et retenir à la douane; mais il fut rendu le lendemain à un officier anglais, qui vint le réclamer au nom du capitaine de la corvette. Le consul n'obtint sa liberté qu'après le bombardement, et il n'eut que des excuses de la part du dey, pour toute satisfaction personnelle.

L'Angleterre fut obligée de diriger une nouvelle flotte contre Alger, en 1824. Après cinq mois de vaines démonstrations, elle fut contrainte de se retirer, ayant livré deux combats peu honorables pour les armes anglaises. Les 13 et 26 juillet, on conclut un arrangement moins honorable encore, puisque l'Angleterre n'obtint aucune réparation pour les insultes qui l'avaient fait armer; qu'elle ne put faire arborer son pavillon sur la maison consulaire à Alger, ni faire admettre le consul offensé. L'arrogance algérienne eut donc le triomphe le plus complet.

L'audace du dey était si grande, que le 4 octobre 1827, il fit armer le reste de sa flotte au nombre de onze bâtimens de toute grandeur, ayant *trois* mille hommes à bord; ils attaquèrent la *station française* du blocus, sous les ordres du capitaine Collet, entre le cap *Caxine* et le port *aux Mouches;* le combat n'eut d'autre résultat que de maltraiter l'escadre algérienne, et de la forcer de rentrer dans le port.

La France continua de négocier, en se relâchant beaucoup de ses prétentions. On exigeait seulement qu'un des grands du pays vînt porter au roi de France les excuses du dey. Mais le consentement de ce prince fut mis au prix du brick *l'Alerte*.

Pendant que cette négociation était suivie par le consul de Sardaigne, qui n'eût pu transiger que par d'inconvenantes concessions, le dey réclamait son intervention près du commandant du blocus, pour qu'il laissât rentrer ses corsaires. Mais le comte de la Bretonnière, qui avait succédé au capitaine Collet, avait trop de cœur pour souffrir que ces forbans conservassent les prises françaises. Il les leur arracha, poursuivit trois navires algériens qui les escortaient, et les brûla dans la rade de Sidi-Ferruch. Une partie des équipages, échappée difficilement, fut porter au dey la nouvelle de ce désastre. Sa fureur alors ne connut plus de bornes; il fit abattre l'arbre du pavillon de France, avec ordre au consul de Sardaigne de faire évacuer, sous trois jours, les trois maisons consulaires françaises.

Néanmoins, le comte Dattili reprit encore les négociations avec quelqu'espoir de terminer les différends existans par une paix honorable. Le comte de la Bretonnière reçut la mission de se rendre à Alger, où il arriva le 30 juillet, sur le vaisseau *la Provence*, et accompagné de M. Bianchi, secrétaire interprète du roi, et de M. de Nerciat, capitaine du brick *l'Alerte;* ils débarquèrent sur le champ, et trouvèrent sur le port le consul de Sardaigne, qui s'y était rendu pour les recevoir.

Le consul les conduisit chez le ministre de la marine et des affaires étrangères, où ils furent introduits. Le ministre les prévint que le lendemain 31 juillet, à midi, le dey recevrait MM. Dattili et de la Bretonnière. Dans cette entrevue, qui dura trois heures, ce dernier déploya autant d'habileté que d'énergie. Le dey demanda vingt-quatre heures pour donner une réponse. Une seconde conférence fut fixée au 2 août. Mais les argumens les mieux fondés en raison et les plus persuasifs pour faire valoir le bon droit de la France, et les dangers que pouvait courir la Régence, vinrent échouer contre l'inconcevable opiniâtreté du dey ; il se refusa à toutes propositions conciliatrices. M. de la Bretonnière essaya en vain de lui faire comprendre la responsabilité qu'il assumait sur sa tête, les malheurs qui allaient fondre sur son pays, la France étant résolue, après avoir épuisé toutes les voies d'accommodement, d'employer la force pour maintenir ses droits et la dignité de la couronne........

« J'ai de la poudre et des canons, répondit « Hussein-Pacha; et puisqu'il n'y a pas moyen « de s'entendre, vous êtes libre de vous retirer; « vous êtes venu sur la foi du sauf-conduit, « *aman-ilé;* je vous permets de sortir sous la « même garantie. »

M. de la Bretonnière rejoignit sur le champ son vaisseau ; cependant il résolut d'attendre au lendemain pour mettre à la voile, dans l'espérance que quelque heureuse réflexion pourrait amener le dey à reconnaître ses véritables intérêts. Mais quand la Providence a marqué la destruction d'un empire, le chef semble frappé d'un esprit d'aveuglement, et toutes ses résolutions ne servent qu'à précipiter sa chute.

Le 3 août, à une heure, le dey n'ayant fait aucune démarche pour un rapprochement, M. de la Bretonnière appareilla, de conserve avec le brick *l'Alerte*. Pendant que *la Provence* louvoyait pour sortir de la baie, un coup de canon à poudre partit de la batterie du fanal, et fut bientôt suivi d'une décharge à boulets des différentes batteries de la ville et du mole, qui en un instant s'étaient remplies de canonniers. Par un attentat digne de ce peuple barbare, et des guet-à-pens modernes, dans l'espace d'une demi-heure, *la Provence* essuya, à cinq cents toises de distance, le feu de quatre-vingts coups de canon, dont une vingtaine atteignirent le bâtiment, heureusement sans faire de victimes, mais non sans causer quelques avaries dans le gréement.

Dans cette circonstance, on ne peut se défendre d'admirer la grandeur du caractère français, qui brille de tout son éclat lorsqu'il est sous l'influence d'un gouvernement régulier et honorable, et que des extravagances de parti n'en abusent pas pour violer le droit des gens et des nations. Le comte de la Bretonnière continua de faire route; il garda la noble contenance que lui imposait son pavillon parlementaire, et ne répondit que par un mépris silencieux à cette lâche et inutile provocation.

Le dey ne put se dissimuler à lui-même la honte d'une telle infraction à la loi la plus sacrée pour tous les peuples, le respect au drapeau de paix! Il fit donc signifier au comte Dattili, et écrire au comte de la Bretonnière par son drogman :

« Qu'il désavouait l'attentat du 3 août; que « c'était un acte accompli contre sa volonté; qu'il « venait de déposer le ministre de la marine, et « de chasser tous les chefs des batteries. »

Mais cette déclaration tardive, sans caractère officiel pour le gouvernement français, ne pouvait même être reçue comme un commencement de réparation.

Après avoir établi les causes de la guerre, nous allons donner une légère esquisse de l'aspect matériel et moral du pays.

Le royaume d'Alger comprend deux cents lieues de côtes entre les États de Tunis et de Maroc. Sa largeur moyenne est de soixante lieues, quelquefois plus, et souvent beaucoup moins. Au nord, la Méditerranée ; au sud, les immenses déserts de Sahara sont ses défenses naturelles.

Le pays est arrosé par deux grandes rivières, le Masafran et l'Aratsch. Beaucoup de ruisseaux et une grande quantité de sources vives devraient ajouter à la fertilité d'un sol excellent; l'air y est sain; le défaut de précautions, en raison du fatalisme turc, laisse quelquefois arriver la peste de l'Orient; mais elle ne cause que peu de ravages. Plusieurs chaînes de montagnes, qui divisent cette contrée jusqu'aux portes d'Alger, et le voisinage de la mer, dissipent facilement les miasmes de la contagion; le soleil d'Afrique active au lieu d'énerver comme les chaleurs d'Europe. Les objets nécessaires à la vie y sont abondans et de la meilleure nature. Le bétail, toutes les espèces d'animaux domestiques, les chevaux, les chameaux y prospèrent. Ce serait la plus riche colonie, un véritable pays de promission entre les mains d'un administrateur éclairé et intègre.

Jusqu'à présent, la plus dure oppression, une ignorance barbare ont dépeuplé ces belles campagnes; et les habitans qui ont voulu échapper à ces fléaux, sont allés chercher un refuge sur les limites du désert.

Les dépenses du gouvernement algérien excédant de moitié son revenu fixe (1), la

(1) 859,000 piastres fortes de dépense, 434, 800 de revenu.

course et la guerre devaient être les seuls moyens de suppléer au déficit sans altérer le trésor.

L'administration est partagée entre le dey, chef suprême et centre du gouvernement, et trois gouverneurs-généraux, décorés du titre de *bey*. Le territoire d'Alger est peu étendu, et le seul qui reconnaisse pleinement l'autorité de la Régence. Partout ailleurs le pouvoir est précaire, et souvent contesté.

La province de Constantine comprend toute la partie orientale des Etats d'Alger, celle d'Oran la partie occidentale, et la province de Tittery tout le midi.

Ces trois beys ont peu de pouvoir sur les peuples, si variés, dont se composent leurs gouvernemens. Absolus dans la ville de leur résidence, ils n'ont qu'une autorité bien limitée dans les villes un peu considérables, et encore en est-il qui conservent leur indépendance. *Gigats* et *Collo*, situées sur la côte d'Alger et Bone, ne payent aucun tribut, n'obéissent qu'à des chefs particuliers, et sont perpétuellement en guerre avec la Régence. La plupart des tribus indigènes de l'intérieur restent presque toujours armées contre le gouvernement algérien, qui ne conserve son influence sur ces peuplades qu'en semant la division entre elles. Les tribus soumises ne sont que des auxiliaires qu'il faut salarier. Tout s'administre militairement; les beys gouvernent sous la tente. A des époques réglées, on forme des camps de tous les soldats turcs disséminés dans le territoire du bey, et l'on entre en campagne pour le recouvrement des impôts; ils ne sont guère acquittés que par les vaincus, ou par ceux qui n'ont pas pu fuir assez vîte.

Toute la puissance d'Alger, toutes les forces de la Régence sont donc concentrées dans cette capitale. Formidable du côté de la mer, protégée par des batteries à triple étage, et plus de mille pièces d'artillerie, cette place est d'une faible défense du côté de la terre.

Alger est située sur le penchant d'un terrain montueux, dont l'inclinaison est rapide vers la mer. Des hauteurs en divers mamelons la dominent de tous les côtés. C'est l'enfance des fortifications du moyen âge : d'épaisses murailles très-élevées, un fossé sans eau, défendu par un mur qui l'environne dans sa partie extérieure : telle est son unique enceinte. La Cassauba, qui sert de citadelle, également dominée, est fortifiée de quelques tours; les murs en ont onze mètres d'épaisseur; c'est un terre-plein revêtu en-dedans et au-dehors de cinq pieds de maçonnerie, et la terre est si compacte qu'il faut, pour l'ouvrir, faire jouer la mine. Neuf forts protégent à l'extérieur les trois portes de la ville du côté de terre. Le principal est le château de l'Empereur, bâti par Charles-Quint; il est à cinq ou six cents toises du corps de la place. On y arrive de toutes parts par des chemins difficiles et pleins d'inégalités. C'est un polygone irrégulier avec des bastions, sans chemin couvert et sans ouvrages. Deux côtés ont un fossé sec; du côté de la mer ce sont des rochers à pic, et un chemin creux très-profond du côté opposé. Il est d'ailleurs dominé par une élévation où est située la maison du consul de Suède; ce fut là que nous élevâmes nos batteries du côté de l'ouest.

Divers aqueducs amènent dans la ville une masse d'eau suffisante pour le service, et même pour l'agrément de toutes les maisons; car il en est peu qui n'aient un bassin ou un jet d'eau, soit dans leurs cours de marbre, soit dans leurs appartemens particuliers. L'enceinte de la ville est d'environ une lieue de France; on évalue sa population de quarante à cinquante mille habitans; le nombre des maisons de huit à dix mille, s'élevant en amphithéâtre à partir de la mer. C'est un triangle dont la mer est le plus grand côté. La citadelle, située à l'extrémité la plus élevée, commande la ville et les batteries de la marine.

Quinze ou seize mille combattans forment toutes les forces régulières des Algériens; elles se composent de quatre à cinq mille aventuriers turcs, de leurs descendans mêlés au sang maure, appelés *koul-oglis*, et des Arabes. Les premiers forment l'infanterie, les autres la cavalerie; mais si l'on compte les contingens des trois provinces et celui des tribus auxiliaires, la Régence peut rassembler soixante mille hommes, et elle les réunit à la bataille de Sidi-Kalef, le 19 juin. Ces troupes sont sans discipline, et n'ont guère que cette bravoure farouche et individuelle des peuples barbares.

La population du royaume d'Alger est très-variée; on l'évalue en totalité à près de deux millions d'âmes, Turcs, Maures, Juifs, Arabes et Berbères, plus connus dans le pays sous le nom de *Kabyles*, qui signifie en arabe *les tribus*.

Ces derniers forment à eux seuls les trois quarts de la population. Les Turcs sont les plus intéressés dans cette guerre; car les Maures et les Juifs, principaux habitans des villes, n'offrent qu'une population sans courage, et dont l'industrie appelle une *servitude* moins oppressive. Les tribus d'Arabes, cultivateurs ou nomades, sont toujours disposées à se donner à l'adversaire de leurs tribus rivales.

Les Arabes de la côte orientale entendent un peu le français. Les Arabes *Nadès* comprennent la langue provençale ; on les désignait sous le nom d'*Arabes français;* et quant à la tribu de la Mazoula, elle est, depuis plusieurs siècles, tout à fait dévouée à notre nation. Les montagnes du grand et du petit Atlas sont peuplées par les tribus *Berbères,* qui, dans quelques parties, s'avancent à une petite distance des côtes. Cette population belliqueuse et entreprenante est l'ennemie irréconciliable des Turcs.

Le trésor de la Régence, estimé à trente millions de piastres fortes, avec une immense quantité de diamans, pouvait bien avoir été justement apprécié. S'il s'est trouvé amoindri des deux tiers et de la totalité des pierres précieuses, c'est qu'il était facile de soustraire ce dernier genre de richesses ; et quant à l'argent monnoyé, on indiquera plus tard les causes et les moyens de sa disparution, à supposer qu'on n'en ait pas fait une estimation exagérée.

Au reste, c'est le sol, c'est la situation qui sont la véritable valeur de ce pays. Il est à quatre journées et demie de Marseille ; il domine les côtes de l'Espagne ; il commande Gibraltar et Malte, qui s'approvisionnent dans son territoire : il pourrait nous faire oublier la prospérité de Saint-Domingue.

Depuis long-temps la France était indignée de la lenteur que le gouvernement mettait à réprimer les outrages d'un Barbare. On désirait voir cesser la piraterie des Etats algériens, et l'esclavage des chrétiens que leur mauvaise fortune réduisait à cette condition. Le congrès d'Aix-la-Chapelle avait posé les principes les plus généreux; on avait même fait parade des doctrines qu'il avait professées en les signifiant au dey; mais c'étaient de magnifiques théories qu'aucune puissance ne semblait disposée à mettre en pratique.

Souvent on avait agité cette grande question au cabinet des Tuileries; des considérations, puissantes en apparence, quelquefois pusillanimes, l'incertitude du succès, la crainte des dépenses, telles étaient les causes qui avaient fait rejeter une pensée qu'on n'osait accomplir.

L'expédition de Morée, tout en jetant quelqu'éclat sur nos armes, n'avait rempli qu'en partie le but politique qu'on s'était proposé.

Il eut pour effet de décider l'exécution d'un traité que M. Drovetti, notre consul à Alexandrie, avait déjà préparé pour l'évacuation du pays; car il est probable que, sans notre présence, Ibrahim-Pacha n'eût pas osé en remplir les conditions.

L'affaire de Navarin fut glorieuse pour notre marine. On sait que ce fut le secret de quatre mots que le roi, actuellement régnant d'Angleterre, ajouta dans une dépêche à l'amiral Codrington; et peut-être ne se trompa-t-il pas moins alors qu'il vient de le faire en provoquant une révolution qui compromet à la fois sa couronne, le repos et la prépondérance de la Grande-Bretagne.

Le ministère Martignac parut n'avoir été formé que pour être une transition; il aurait pu se soutenir avec un peu de vigueur; mais il périt faute de système et d'énergie; c'étaient des hommes honorables et de capacité; mais leurs doctrines étaient aussi incertaines que leurs mesures. D'ailleurs, il n'y a jamais qu'une seule tête qui puisse concevoir et faire exécuter. La monnaie même d'un grand talent n'a pas la valeur de l'unité qu'elle prétendrait remplacer.

Le 8 août 1829 fut le principe d'une nouvelle révolution. Il y avait peut-être autant de lumières, et plus de volonté dans le nouveau cabinet que dans l'administration tombée; mais il y avait des vues sans plan, des résolutions sans calculs, des projets sans discernement. Les hommes qu'on venait de réunir étaient sans conformité d'antécédens; ils n'avaient rien posé en principe, rien déterminé en actions, rien prévu en obstacles. Chacun avait une sorte de spécialité dont la direction exclusive ne lui était pas même confiée quant à son département. Les nuances d'opinion et de caractère politique venaient traverser le bien ou la manière de le faire, quand un des ministres apportait une amélioration de son ressort. L'ordre est un système suivi, et non une improvisation.

Enfin on choisit, parmi les membres du conseil du roi, un premier ministre, ignorant, irrésolu et présomptueux. Cet incident amena une première dislocation dans le cabinet, qui fut bientôt suivie d'une seconde. M. de la Bourdonnaie n'avait pas voulu *jouer sa tête et la monarchie sur les cartes d'un autre.*

Ainsi le ministère Martignac avait aliéné ses partisans par sa faiblesse et ses hésitations. M. de Polignac perdit la monarchie, parce que la témérité sans prévoyance, et l'ambition sans talent ne produisent jamais que des calamités.

Non seulement l'audace est soumise à la combinaison des mœurs et des circonstances, mais à la propriété du temps et à la disposition des esprits; elle doit toujours conserver les formes du bon droit, et c'est ainsi qu'elle peut réunir le plus grand nombre de chances morales et politiques. On n'ajoutera pas qu'il faut qu'elle soit heureuse. Ce que le vulgaire appelle *bonheur*, n'est réellement que la *seconde vue* d'un grand caractère; c'est la prévision des effets qui doit déterminer les moyens. La science du pouvoir est un don qu'il n'appartient à la médiocrité ni de comprendre ni de deviner.

Le cabinet des Tuileries avait fait, quelques mois avant de se décider à attaquer Alger, des ouvertures au pacha d'Egypte. Il se chargeait de réduire la Régence. Mais Mehemet-Aly élevait des prétentions si exagérées, qu'elles parurent onéreuses à la France. La marine égyptienne a trop peu d'importance et d'habileté pour qu'elle pût être l'auxiliaire d'une expédition aussi considérable. Il eût donc fallu que le ministère français se chargeât de tous les frais maritimes. D'un autre côté, la Porte, déjà tourmentée de la trop grande puissance de Mehemet-Aly, voyait avec déplaisir ce pacha acquérir une prépondérance nouvelle. Cette dernière considération, bien qu'accessoire, entre dans la balance des motifs qui servirent à la rupture des négociations. On avait compris qu'il y avait plus de gloire et d'avantages pour la France à faire soi-même l'expédition. On se décida donc à tenir l'Angleterre dans le doute, en montrant de l'hésitation et un désir apparent de se contenter d'une satisfaction donnée par le dey. Dès ce moment le conseil du roi arrêta définitivement ce projet. On en prévint brièvement l'Angleterre au moment de l'exécution, et elle n'était plus en mesure de s'y opposer.

Mais la marine semblait redouter une aussi vaste entreprise. Ignorant avec quelle adresse la diplomatie française l'avait préparée, elle ne considérait que les obstacles naturels; et ces objections vulgaires avaient d'autant plus de crédit, qu'elles étaient plus répandues, et sans cesse commentées par l'opposition doctrinaire. On sait qu'elle parle toujours de l'honneur de la France, sans avoir d'autre talent que de l'entacher partout. Elle a trop complètement fait ses preuves depuis la révolution de juillet, pour qu'on veuille les lui contester. Aussi, depuis qu'elle domine, est-ce de la magnificence à l'Europe d'avoir des ambassadeurs à Paris.

Cependant l'opposition de la marine contrariait la résolution du conseil; mais enfin elle céda devant la clarté et toutes les chances de probabilité qu'offrait un projet présenté par deux capitaines de frégate.

L'un était le capitaine *Dupetit-Thouars*, dont le nom déjà si connu dans nos fastes militaires, a reçu un nouvel éclat au combat d'Aboukir; mais dans les corps, on ne pardonne jamais à l'homme qui en fait partie de s'élever contre une de leurs opinions ou un de leurs préjugés. L'autre était le capitaine *Gay de Taradel.*

Ces deux officiers, long-temps en croisière devant Alger, en ayant parcouru le territoire, connaissant les forces et les mœurs du pays, en avaient judicieusement observé les moyens de résistance, et calculé la possibilité de les surmonter. Leurs rapports furent une prédiction. MM. Dupetit-Thouars et Gay de Taradel servirent avec zèle et distinction dans cette campagne. Oubliés dans les récompenses, ils ont été heureux peut-être de n'avoir éprouvé que cette disgrâce.

Aussitôt que le conseil du roi eut irrévocablement décidé qu'on attaquerait Alger, les préparatifs furent hâtés avec cette activité française qui surprit si souvent l'Europe. La marine demandait six mois, le ministère voulait que l'on fût prêt dans trois. M[illegible] d'Haussez répondit : « Il y a « moyen de vou[illegible]s accorder; on travaillera « jour et nuit. »

En moins de qu[illegible] mois on était en mer.

L'Angleterre v[illegible]vec un sentiment de jalousie et de violent mécontentement une entreprise qui semblait empiéter sur ses droits, comme puissance navale. Les négociations ne furent pas sans aigreur; il fallut la fermeté et la sagesse du capitaine Massieu (à bord de *la Syrène*), qui commandait la station du blocus, pour éviter des hostilités. Le cabinet anglais voulait effrayer la France, comme à l'époque de la guerre d'Espagne de 1823; il n'y parvint pas davantage. Nous avions alors trop d'alliés sur le continent. Aucun obstacle ne pouvait donc plus arrêter cette grande et glorieuse expédition.

On nomma successivement les lieutenans-généraux qui devaient commander les trois divisions, les maréchaux-de-camp pour les brigades, enfin les chefs et les employés de tous les services. On présenta au roi le général Desprez comme chef d'état-major. Ce prince s'y refusait, en objectant les discussions qu'il avait eues en Catalogne avec le maréchal Moncey. Le ministre de la guerre demanda si ce maréchal devait commander l'expédition. La réponse du roi fut négative; il insista, et le choix fut décidé. On l'attribua à M. le dauphin : il était rarement heureux dans ses préférences.

Mais le général en chef n'était pas désigné. Le duc de Raguse aspirait à ce commandement. C'était une faveur de faire partie de l'expédition, et par conséquent un honneur insigne d'avoir à la diriger. On aurait composé une armée des volontaires qui se présentaient; et l'ambition de servir ainsi se manifestait dans les grades les plus élevés.

On avait aussi beaucoup parlé du ministre de la guerre pour être général en chef. Il avait bien des motifs de le désirer.

M. de Bourmont avait apporté au ministère une grande activité qui contrastait avec la paresse de ses inclinations. Toute sa vie avait été aventureuse, et le repos et le plaisir eussent suffi à son existence. Il a le désintéressement d'un homme dont les jours ont été souvent en péril. Quand on n'a pas la sécurité du lendemain, on se croit dispensé de toute prévision personnelle : aussi le plus complet désordre régna-t-il toujours dans ses affaires particulières. Il croyait que le roi, après la conquête, imiterait pour l'armée la munificence de l'empereur Nicolas, lors de ses conquêtes en Perse et en Turquie. Et quant à lui, peu de personnes voudraient croire à la modestie de ses espérances.

A son entrée au ministère, tous les journaux retentirent des calomnies les plus odieuses contre lui, contre ses collègues, contre tous ceux qui avaient une influence politique.

A une époque difficile, la fatalité avait, dans un sens inverse, jeté deux hommes dans la même erreur (1). Indulgente ou sévère, l'opinion n'é-

(1) Le maréchal Ney.

coûtait pour eux que l'intérêt de son parti (1). Quand les passions fermentent, le juste ou l'in-

(1) L'esprit d'impartialité et de justice qui a dicté cet ouvrage, nous impose l'obligation de reproduire ici une lettre de M. Ch. de Bourmont, très-claire et très-précise, sur les faits de cette époque. Tous les hommes qui ont traversé ces temps difficiles, acteurs ou témoins, et qui se rappelleront ce qu'ils ont pensé alors, seront les meilleurs juges de ce cas de conscience.

Copie d'une lettre adressée à M. le rédacteur du Constitutionnel.

Carlsruhe, le 2 février 1832.

« C'est seulement en arrivant ici, monsieur le rédacteur, que j'ai eu connaissance, par votre numéro du 22 janvier, de la séance de la Chambre des députés du 21. J'ai lu avec une vive douleur l'étrange proposition faite par un ancien officier, de mettre en jugement le maréchal de Bourmont pour sa conduite en 1815.

« N'est-ce donc point assez d'avoir, dans une récente expédition et par un succès réputé impossible, vengé l'honneur de son pays, et acquis à la France de nouveaux droits à l'estime et à la reconnaissance des peuples, pour désarmer la haine et la calomnie, la haine qui demande des vengeances, la calomnie qui s'acharne à flétrir une vie sans taches, et qui ne fut pas sans gloire? Le sang d'un fils chéri versé jusqu'à la dernière goutte, en combattant glorieusement pour son pays, n'a-t-il pas étanché leur soif, et leur faut-il encore le sang de son père?

« A Dieu ne plaise que je vienne ici demander grâce,

juste ne sont plus que des mots de convention. Les temps de faction ont la déplorable consé

et réclamer une pitié qui serait une nouvelle injure! Je demande justice, cette justice sévère, mais impartiale de l'histoire.

« Toutefois, je l'avoue, monsieur le rédacteur, je m'étonne que dans une assemblée française, pas une voix ne se soit fait entendre pour défendre un homme absent et accusé, je ne dirai pas malheureux, car ceux-là seuls sont malheureux, ceux-là seuls sont à plaindre, qui, cédant aux circonstances, ont transigé avec les devoirs les plus sacrés. Quoi! c'est seulement par une insultante prescription qu'on a cru pouvoir repousser une accusation capitale contre celui qui naguère conduisait nos jeunes soldats à la victoire, tirait une vengeance aussi prompte que terrible des outrages faits à la France par un barbare orgueilleux, et dotait sa patrie de la plus belle, de la plus vaste, et bientôt sans doute de la plus riche et de la plus importante de ses colonies!

« On conçoit qu'en 1815 on ait crié à la trahison : il fallait à tout prix empêcher les royalistes fidèles de se rallier à la royauté; aussi on appelait brigands ceux qui prenaient les armes dans la Vendée, comme on donnait le nom de traîtres à ceux qui rejoignaient le roi à Gand. Ceci justifie pleinement l'ordre du jour du général Gérard. Mais après dix-sept ans, lorsque les passions sont refroidies, quel homme sensé se laisserait persuader qu'un simple officier-général possédait les plans de la campagne qui allait s'ouvrir, lorsque le général en chef était Napoléon, et le général Gérard son lieutenant?

quence de fausser toutes les positions : dès-lors les caractères les plus fermes ont leurs momens de

« D'ailleurs, les eût-il possédés, les faits prouvent assez qu'il ne les aurait point révélés ; les dispositions mal concertées de l'ennemi produisirent un effet qu'il eût pu éviter par une prompte concentration de ses forces, s'il eût été prévenu de la marche et de la position de ses adversaires. Les Français furent vainqueurs le 16 à Fleurus ; ils l'auraient été le 18 à Waterloo, sans l'absence du général Grouchi, qui tient à des causes que sûrement personne ne pouvait prévoir ni indiquer à l'avance.

« Si les preuves heureusement n'étaient pas surabondantes, il serait facile de s'appuyer encore des témoignages authentiques et contradictoires des personnages avec lesquels on l'accuse d'avoir lié des rapports criminels : ces témoignages je les possède, et je pourrais les produire.

« Vous n'ignorez pas, monsieur le rédacteur, que l'Acte additionnel aux Constitutions de l'empire fut présenté à l'approbation de l'armée : non seulement mon père refusa d'y donner son adhésion, mais encore il motiva son refus, et le signa, ainsi que plusieurs des officiers de son état-major particulier. Dès-lors sa démission était explicite, elle était positive. Il s'en expliqua hautement, et ne demeura à l'armée que pour attendre, ainsi qu'il l'a fait depuis en Afrique, le successeur auquel il devait remettre les troupes confiées à son commandement.

« Ce successeur n'était point encore arrivé lorsque l'armée reçut l'ordre de marcher vers la frontière. Dans cette situation, mon père ne pouvait plus différer son départ ; il fallait quitter les rangs d'une armée dont il ne faisait

doute. En sortant de la vie régulière, une combinaison subite peut faire oublier un principe. Aussi l'histoire, plus généreuse, tient-elle compte à l'homme célèbre de ses belles actions, et tempère-t-elle pour lui les reproches. Entraîné par des circonstances foudroyantes, on reçoit le blâme de l'égarement qui les suit; et le plus souvent la faute la plus apparente serait bien atténuée, si l'on en connaissait pleinement les détails.

Ainsi poursuivi, le ministre s'était pourtant concilié l'armée par sa justice, par son extrême politesse, et surtout par le bien qu'il avait commencé. Moins contrarié par les vues mesquines

plus partie du jour où il avait refusé de souscrire l'Acte additionnel. Il s'éloigna, non pas en silence, non pas comme un transfuge; il fit part de sa résolution au général Hulot, le plus ancien général de brigade sous ses ordres, et lui remit, en même temps que le commandement, tous les ordres et papiers relatifs à la division qu'il lui laissait.

« Il s'éloigna, non pas le jour, non pas la veille de la bataille de Waterloo, mais quatre jours avant; et ce fait est sans réplique. L'ordre du jour du général Gérard est daté du 14, et il annonce que déjà le général de Bourmont a quitté l'armée. Quatre jours, ce sont quatre siècles, lorsque deux jours suffisent pour changer la face de l'Europe! Le 16, les Français étaient vainqueurs; le 18, ils mouraient à Waterloo.

« Ainsi, le simple exposé des faits renverse cette accu-

de quelques membres du cabinet, il eût fait bien davantage.

Le roi l'avait employé trop jeune; il n'avait pas assez vieilli à ses yeux. M. le dauphin continuait d'exercer une influence absolue sur toutes les nominations de l'armée. Le président du conseil ne regardait les affaires que comme une conversation qui occupait ses momens de loisir. Il ne croyait pas à la nécessité des résultats. Les bons conseils lui paraissaient tout au plus de bons raisonnemens, et l'expédition des affaires une précipitation inutile.

Le ministre de la guerre se trouvait donc sans

sation, dont l'énormité fait frissonner. Non, il ne fut point traître, car il n'a rien livré; non, il ne fut point parjure, car il n'avait rien promis; non, il ne fut point déserteur, car il s'était démis de son emploi.

« Ainsi, la trahison, le parjure, la désertion disparaissent. Que reste-t-il? Le reproche d'avoir rejoint le roi. Ce reproche était surtout étrange, lorsque les Bourbons régnaient en France; mais aujourd'hui il n'est pas moins étonnant. En effet, la plupart de ses adversaires ont prêté serment de fidélité à Louis XVIII après les cent-jours, et assurément il y a plus d'honneur et de courage à se décider avant l'évènement, à se ranger auprès du roi dans l'exil, qu'à se presser autour de lui quand il est remonté sur son trône.

« *Signé* Charles de Bourmont. »

aucun crédit au conseil par la suprématie de M. de Polignac, et sans importance dans son département par l'action du cabinet de M. le dauphin.

Tant de considérations le poussaient à désirer une occasion de se signaler, et d'obtenir, par de grands services, l'influence qui lui manquait. Il voulait aussi devoir à un succès marquant le silence de la diffamation. M. de Bourmont partit environ trois semaines après sa nomination. Son état-major le précédait. Il ne garda avec lui que ses quatre fils et son aide-de-camp, M. de Trélan, qui lui était attaché depuis dix-sept ans. Arrivé à Lyon le 22 avril, il descendit chez le général Paultre de la Motte, où il séjourna le lendemain. Traversant Grenoble et Marseille, il était à Toulon le 29. Les autorités l'accueillirent avec politesse, le peuple avec enthousiasme. Cette expédition était populaire dans tout le Midi.

Il repartit le surlendemain pour Marseille, et reçut M. le dauphin, qui passa la revue de la 2e division, déjà rassemblée sous les ordres du lieutenant-général Loverdo. Son chef d'état-major était le colonel Jacobi; les trois maréchaux-de-camp, pour les trois brigades, MM. Munck d'Uzer, Colomb d'Arcine, Denys de Danrémont; M. Marcotte Genlis, payeur.

Le général Loverdo est Grec; il a toute la souplesse et l'astuce de son origine, de l'esprit, des connaissances, et la faconde des anciens rhéteurs de son pays. D'ailleurs sec, brusque, emporté jusqu'à frapper le soldat. On a prétendu que sa témérité ne passerait pas plus en proverbe que son désintéressement ne deviendrait un point de comparaison.

M. de Bourmont revint de Marseille à Toulon, précédant M. le dauphin. Il y eut une revue de la 1re division. La marine se mit en frais; un simulacre de descente, la représentation d'un combat naval, des réceptions, de grands dîners d'apparat, ce fut véritablement la fête la plus noble et la plus complète; c'était pour le prince le dernier bouquet du pouvoir et des honneurs militaires.

Le 6 mai, M. le dauphin alla coucher à Marseille. Le ministre partit le soir pour Aix par la route directe. Il y arriva à six heures du matin, se rendit à Saint-Cannat, où la 3e division était réunie. La revue finit à deux heures, et le prince monta en voiture, prenant la route du Dauphiné, et devant être le 15 à Saint-Cloud.

Le général en chef revint à Aix dîner chez le duc d'Escars. Ce général avait pour chef d'état-major le colonel Auguste Petiet. Ses trois maréchaux-de-camp étaient MM. Hurel, Berthier et de Montlivault.

Le duc d'Escars a une physionomie prononcée; il est d'une constitution robuste, qu'une vie régulière a encore fortifiée. Homme instruit, d'un esprit plus solide que brillant, son jugement et ses habitudes d'ordre l'ont fait remarquer et apprécier par tous les partis. L'intérieur de son quartier-général offrait le tableau de la plus douce harmonie, sa maison était aussi bien tenue que sa division. Sa bravoure est calme, ses manières sont toujours mesurées, et son désintéressement est celui des anciens preux de la table ronde.

Le lendemain, M. de Bourmont alla déjeûner chez le lieutenant-général Partouneaux, et rentra le 8 au soir à Toulon.

Ce fut pendant ce voyage que le général en chef s'entretint confidentiellement de son plan de campagne avec le général du génie Valazé. Tout ce que la prévoyance en tout genre peut disposer pour le succès avait été réuni. L'emploi de ces grands moyens devait être dirigé par une prudence et une circonspection dont on ne s'est point écarté. On calculait qu'une saison plus favorable nous éviterait le danger des élémens, qui avaient ruiné l'expédition de Charles-Quint. On était également décidé à ne pas imiter la témérité d'Oreilly. Un premier revers sur une plage éloignée, où tout étonne le regard, est souvent irrémédiable; malgré la conviction qu'avait le chef d'un succès certain, et malgré la confiance des troupes, un échec, en débutant, eût semblé la fatalité combattant de nouveau sur ce rivage contre les efforts européens.

On devait débarquer, s'assurer de la plage entre les deux golfes, qui, fermée par un retranchement, deviendrait inexpugnable. On n'avancerait qu'avec la possession de tout le matériel; on voulait incruster nos pas, et non en marquer l'empreinte au hasard.

Le général Valazé a un extérieur prévenant: il est plein de grâces, d'esprit et d'imagination. On ne l'a vu dans cette campagne qu'une fois en colère, et c'était plutôt l'expression de la douleur et des regrets, que de l'emportement. C'est un des hommes les plus distingués du génie, et dont la modestie et les excellentes manières rehaussent le plus les talens. Il resta à Marseille pour terminer des dispositions relatives à son arme, et surveiller l'embarquement d'une partie de son matériel.

En retournant à Toulon, M. de Bourmont continua l'intéressante conversation qu'il avait entamée au commencement de cette course. Il avait véritablement appris l'Afrique; ses agens lui avaient fourni des rapports exacts sur la topographie du pays, et le personnel des chefs. Il concevait toute l'importance de cette future colonie, les richesses qu'elle pouvait faire refluer vers la métropole. Son esprit fin et délié, son caractère doux et conciliant lui présentaient déjà les moyens de négocier utilement avec les chefs de ces tribus plus ou moins barbares. Il entrevoyait la possibilité d'établir des colonies militaires, à l'instar de celles des Russes dans le Caucase. La France regrettera un jour cette exigence de parti, qui brise les hommes les plus utiles. Il eût pu rendre des services signalés, s'il n'eût pas été forcé d'abandonner Alger; et cette pensée lui eût fait trouver dans un séjour de quelques années loin de son pays, un dédommagement à ce qui n'aurait été en réalité qu'un honorable exil.

L'arrivée du général en chef à Toulon était annoncée, mais il n'était pas attendu; son fils et [illegible] ses officiers eurent grande peine pour lui faire donner à souper. Sa bonté dans son intérieur était telle qu'il n'était pas servi. Sa maison était tenue à la *Vendôme*. M. de Bourmont n'est pas sans analogie avec ce prince, à la gourmandise et à la dissolution près; car c'est un des hommes les plus sobres; et les succès de sa jeunesse ne l'ont pas engagé à les prolonger au-delà de l'âge où ils deviennent un ridicule.

Le général en chef pressait l'embarquement; son activité semblait partagée par l'amiral. On attendait encore de Brest *le Superbe*, *le Nestor* et une frégate.

L'amiral Duperré, rond, dur et tranchant, brusquait les hommes et les choses : il s'était fait par sa bravoure une réputation dans l'Inde et dans les Antilles. C'était surtout dans des affaires particulières qu'il s'était distingué; son premier commandement marquant avait été devant Cadix, lorsqu'il remplaça le contre-amiral Hamelin. A cette époque, il refusa de forcer la passe de ce port, et M. le dauphin n'eut pas assez de décision pour l'ordonner comme grand-amiral. En France, on regarde trop au risque de sacrifier un vaisseau; c'est une considération inconnue aux Anglais. Aussi cette indifférence pour leurs bâtimens leur a-t-elle valu bien des succès, qui ont justifié leur audace. Notre marine pouvait se couvrir de gloire par une témérité apparente, qui eût rencontré peu d'obstacles. La moitié des pièces de la place n'étaient pas sur leurs affûts. On pouvait s'embosser devant Pontales, lancer nos troupes sur ce fort à larges embrasures, et qui n'était armé que de sept canons au lieu de dix-huit. Après une rapide escalade, la *Cortadura de San-Fernando* était prise à revers, et par elle nous maîtrisions l'île de Léon. Le lendemain, l'armée, sur les glacis de Cadix, dictait la capitulation de cette place.

M. de Bourmont fit de vains efforts au conseil de M. le dauphin pour faire adopter ce brillant projet. C'était l'opinion du duc de Bellune, alors ministre de la guerre, et qui avait tenu pendant dix-huit mois le blocus devant Cadix. Le colonel Bartillat apportait et communiquait à M. de Bourmont cet avis, si conforme à ses vœux. Il l'a vu désespéré d'être réduit à la stérile démonstration d'un débarquement dans l'île de Léon. Toutefois, sous une enveloppe un peu épaisse, avec des manières peu accortes, il y a du courtisan dans l'amiral Duperré; il ne manque ni de connaissances, d'esprit ou de politique; mais il veut tout primer. Peut-être fût-ce l'écueil qui l'empêcha de justifier l'idée qu'on s'était faite de son mérite. On l'a depuis accusé d'avoir mêlé ses opinions à ses devoirs; d'avoir remplacé l'impossibilité d'aucune action d'éclat par des bulletins romanesques; mais il faut toujours faire la part de la malignité dans tout ce qui est incertain.

Au reste, le bon accord sembla régner entre les deux généraux en chef, comme parmi les officiers des deux élémens.

Le 12 mai, on mit à bord toute la première division, sous les ordres du lieutenant-général Berthezène; son chef d'état-major était M. de Bressard; ses maréchaux de camp MM. Clouet, Achard et Poret de Morvan.

Le général Berthezène est froid et poli; son caractère est ferme; c'est ce qu'on peut appeler en tout point un homme de conscience et d'honneur. Il a fait toute la campagne à pied, au milieu des soldats, bivouaquant avec eux et les conduisant autant par son exemple que par ses bons propos. Le gouvernement précédent l'avait désigné pour rester en chef à Alger; celui-ci n'a pu mieux faire que de lui donner ce témoignage d'une juste confiance.

Malgré une pluie constante, une partie de la deuxième division fut embarquée le 13; mais la mer devenant trop mauvaise, on fut obligé de suspendre; il commençait à y avoir danger. Plusieurs grandes barques portant des troupes, furent jetées à la côte, sans plus grave accident. Le 15, la brigade qui était restée et la 3e division furent portées à bord.

Le 18, le général en chef se rendit sur *la*

Provence; chacun était à son poste; on ne pouvait plus descendre à terre qu'avec une permission particulière.

Une suite de vents contraires s'opposa à la sortie de la rade. Au bout de quelques jours, l'impatience et l'ennui étaient déjà remarquables pour les inhabitués; la monotonie de l'existence du bord est insupportable. Ici le peu d'espace, l'entassement des hommes, la diversité des caractères, des intérêts, même des opinions; cet égoïsme que l'usage du monde renferme dans l'habitude de la vie ordinaire, avait perdu sa contrainte, et l'on éprouvait un vide plus grand que celui de la solitude.

Le 25 au matin, on apprit la dissolution des Chambres. Le ministre en parut étonné. Il répéta, dans l'intimité, la parole d'honneur que M. de Polignac lui avait donnée, avant son départ, de ne rien changer pendant son absence; il l'avait dit à Paris à sa famille, à plusieurs amis. Nous prévîmes dès lors que le ministère ne marcherait plus que de fautes en fautes, mais sans imaginer qu'il les multiplierait au point de ne savoir pas réparer, par son courage, ce qu'il avait tant compromis par son inexpérience et sa malhabileté.

Le soir, le vent changea tout à coup; à six

heures, la flotte avait appareillé; on fit peu de chemin jusqu'au jour. Cet immense convoi, espacé sur plusieurs lignes dans l'ordre le plus régulier, couvrait toute l'étendue d'eau que l'œil pouvait embrasser en tous sens; un ciel pur, éclairé par une lune brillante, des flots peu agités, c'était un spectacle imposant : la nuit lui imprimait une teinte de mélancolie; les affections auxquelles on s'arrachait, les hasards qu'on allait courir, c'étaient des oppositions de sentiment agrandies des effets d'un si vaste et si riche tableau.

On marchait lentement pour conserver l'ordre et les distances de la flotte. Dans la matinée, elle avait fait douze lieues.

A onze heures du matin, on rencontra la frégate *la Duchesse de Berri* accompagnant une frégate turque qui avait essayé de surprendre la vigilance de notre croisière, et d'entrer dans Alger. C'était Tahir-Pacha (1), un des plus grands

(1) Le départ de Tahir-Pacha avait été l'objet d'une assez longue négociation à Constantinople, entre notre ambassadeur et le divan. Le grand-visir avait demandé qu'on autorisât Tahir à se rendre à Alger, en promettant qu'il obligerait la Régence à donner toute espèce de satisfaction. Sur le refus du comte Guilleminot, la Porte se restreignit à la demande d'un passeport. Après quelques conférences,

ennemis de la France; d'ailleurs homme entreprenant et d'exécution. La Porte, pour éviter le danger de perdre la suzeraineté d'Alger, et à l'instigation des Anglais, l'avait investi du droit de faire décapiter Hussein-Dey, et de le remplacer. Il eût fait à la France toutes les satisfactions qu'elle eût exigées, et l'on espérait par-là détourner notre expédition.

On ne suivit pas la route de l'amiral Duquesne en 1682; on s'éleva vers Mahon, direction et point de ralliement de la flotte de Charles-Quint.

Le 26, on avait passé Mahon; le temps orageux et la grosse mer tourmentaient les malades et attristaient la pensée des bien portans. On commençait à craindre de battre long-temps la Méditerranée, d'être séparé des bâtimens de transport, qui seraient contraints de chercher un abri dans les ports d'Espagne et d'Italie. Le soir, le

l'ambassadeur y consentit, ne doutant pas que le commandant du blocus n'eût des ordres directs, qui le feraient agir selon la volonté du roi. Toutefois, cette affaire fut oubliée pendant plusieurs mois. Mais très-peu de temps avant que nous missions à la mer, le grand-visir reprit cette négociation sur le pied de sa première exigence, y faisant intervenir, sans plus de succès, le ministre d'Angleterre. Et tout à coup, la discussion pendante, on apprit que Tahir était en route pour Alger.

vent tomba, la mer était belle; on était en vue de Majorque; on mit en panne pour attendre les traînards du convoi.

Le 29, un bâtiment portant des dépêches, rejoignit la flotte; le 30, à six heures du soir, on n'était plus qu'à dix-sept lieues d'Alger.

Le 31, à douze lieues de la côte, on aperçut la station des sept frégates du blocus; *la Syrène* et une autre se détachèrent, vinrent saluer l'amiral, et continuèrent à marcher avec nous. La mer était tenable; on était en vue d'Alger; on pouvait attendre un calme probable dans cette saison; mais on revira; on se dirigea sur la baie de Palma. Toute la journée du 2, on y courut des bordées. La deuxième division des transports, partie après nous de Toulon, nous joignit. On envoya deux bâtimens à vapeur et quelques navires légers à la recherche du convoi dispersé; une partie entra le soir dans la baie. Le 3, on signala plusieurs voiles; le 4, elles arrivaient de tous côtés, s'abattant comme une bande d'oiseaux effarouchés. Enfin tout fut réuni avec le calme le plus plat et la chaleur la plus étouffante.

Les 5, 6, 7 et 8, on continua la promenade dans la baie de Palma. Le soir du 8, le brick de guerre *l'Actéon*, faisant partie du blocus, apporta des dépêches d'Alger.

On n'avait pas la permission de descendre, nulle barque ne nous apportait des fruits, des légumes, enfin, des provisions fraîches dont on eût senti la jouissance; et cependant quelques capitaines privilégiés ou plus hardis allèrent à la ville, et emmenèrent quelques officiers de terre avec eux.

Palma, sa baie, ses entours ont été trop décrits pour qu'il soit besoin de répéter ici ce que tout le monde sait. Les autorités, le militaire, les habitans reçurent les officiers qui débarquèrent avec cette distinction et cette estime qui s'attachaient universellement aux membres de cette nouvelle croisade en faveur de l'humanité.

Le 9 et le 10, on était dans la même situation; mais le soir, l'amiral appela à son bord les trois lieutenans-généraux commandant les trois divisions pour se concerter sur le débarquement.

On ne comprendra jamais cette longue station dans la baie de Palma. On eût aussi facilement rassemblé les différens convois de transport dans la rade de Sidi-Ferruch, et en louvoyant vingt-quatre heures de plus, on eût avancé le débarquement de douze jours.

Peut-être eût-il été mieux de réunir d'abord la flotte à Palma en partant de Toulon, et de se diriger de là sur Alger. Il est certain qu'il y a eu mauvaise combinaison. Avait-elle un but? n'était-ce qu'une faute?

Le 10, à la nuit, le convoi des transports leva l'ancre; l'armée navale faisait route vers l'Afrique. Le 11, elle n'était plus qu'à vingt lieues d'Alger. Le temps était à la pluie, la mer était belle; les bâtimens de charge se maintenaient bien à hauteur.

Enfin le 13, on porta sur Alger; le temps était superbe. On put reconnaître l'ensemble de cette ville en amphithéâtre, les forts qui l'environnent, les batteries et le môle qui la rendent imprenable du côté de la mer. Nous longeâmes pendant plus d'une lieue une côte couverte de maisons de campagne; nous vîmes des champs bien cultivés; puis commence une espèce de forêt de broussailles, qui s'étend jusqu'à la tour de Sidi-Ferruch; nous l'aperçûmes enfin, au pied la batterie qu'on devait attaquer; mais elle était désarmée. Nous avions atteint le premier but de l'expédition; la flotte était à l'ancre dans la rade de Sidi-Ferruch.

Le 13 au soir, les principaux officiers allèrent faire une visite au général en chef, et prendre ses ordres pour le lendemain. Ce n'était pas la précaution inutile, car plusieurs ne reçurent qu'à terre, et à midi, les instructions du général Desprez. Les lettres de France s'étaient accumulées pendant cette longue traversée. Chacun éprouva une vive jouissance d'avoir des nouvelles de sa famille, et d'apprendre que l'ordre public n'était pas encore troublé en France.

On passa toute la soirée à chaque bord en préparatifs pour la descente, qui devait s'effectuer au point du jour. On reposa seulement quelques heures sur le pont et habillé.

Dans la soirée on avait vu quelques Turcs à cheval galopant sur la grève. Plusieurs coups de canon et cinq ou six bombes dirigées sur la flotte, indiquèrent une batterie ennemie dans les terres. Un éclat de bombe, la seule qui ait porté, blessa à la jambe un matelot à bord du *Breslaw*.

Le 14, à l'heure ordonnée, de nombreux chalans remorqués par les chaloupes de la marine se remplirent de soldats, et couvrirent bientôt toute la rade. A quatre heures du matin, une division était à terre, se formant en colonnes, et marchant pour se déployer dans la plaine. A cinq heures, la 2e division, également débarquée, suivait le mouvement de la première. La plage, sablonneuse et plate pendant près de cent toises, s'élevait brusquement, couverte de hauts et épais bouquets de broussailles, autour desquels on tournait comme dans un labyrinthe. La plaine était ondulée par des mamelons détachés; de leur sommet on découvrait le pays. La batterie algérienne était de treize pièces de 16 et de deux mortiers; elle enfilait le rivage, et avait tué ou blessé plusieurs hommes à bord des chalans ou sur la grève. Les 3e, 14e et 49e eurent beaucoup à souffrir de cette batterie; on ignorait le nombre des Arabes qui la soutenaient; on l'évaluait à sept ou huit mille. On occupait la tour de Sidi-Ferruch que l'ennemi avait abandonnée; on était également maître de tout le terrain de la presqu'île, qui forma bientôt après le camp retranché et la place de sûreté de l'armée.

Pendant ce temps, le général en chef examinait avec soin la position, et attendait avec impatience le moment d'enlever la batterie. Le groupe nombreux qui l'environnait, les panaches blancs, devinrent un point de mire pour les canonniers arabes. Un boulet passa entre M. de Bourmont et son fils aîné; le général se porta plus en avant, et un second boulet vint mourir à ses pieds, en le couvrant de terre; nous le crûmes tué; il secouait tranquillement la poussière de son habit. Les boulets se multipliaient autour de nous; le général éloigna de quelques pas son état-major, fit ôter les plumets, et n'emmena plus qu'un officier, qu'il renouvelait à mesure qu'il les envoyait en ordonnance. Il n'y avait pas un cheval débarqué, les courses se faisaient à pied, dans un sable épais et brûlant, et sous le soleil du pays ; mais il y avait de l'enthousiasme.

Quelques-uns de nos jeunes soldats faisaient des révérences aux boulets. Le colonel d'Armaillé leur dit : « Si vous continuez les saluta- « tions, vous aurez bientôt un torticolis qui vous « empêchera d'achever la campagne; » et cette plaisanterie redressa tout le monde.

Enfin, une compagnie de voltigeurs du 15e tourna la batterie, pendant que la première brigade l'attaquait de front. Charles de Bourmont y entra un des premiers. Le dîner était préparé, on le mangea ; on fit l'inventaire ; des oranges, des figues, des munitions ; un livre de poésie et le *Manuel de l'artilleur* en français faisaient partie de ce mobilier ; et il nous fut prouvé que notre langue n'était pas étrangère pour tous nos ennemis.

La 1re division prit position à une demi-lieue en avant de notre camp futur ; la droite et la gauche appuyées aux deux baies, et ayant chacune un ruisseau devant elles.

Le général en chef avec son état-major, la 2e division, deux pièces de 8 et deux de montagne, qui avaient envoyé quelques boulets perdus, allèrent prendre possession de la presqu'île, de la tour et du tombeau du marabout.

C'était une belle et heureuse journée; elle assurait le succès de cette grande entreprise.

On déjeûna; quelques viandes froides et du pain pour les plus heureux; du biscuit et du fromage pour les autres; on manquait de tout pour les officiers sans troupes, qui n'ont aucun moyen d'assistance; ils ne purent avoir leurs gens et leurs bagages que plusieurs jours après.

Ce repas frugal terminé, vinrent les complimens sur le bon augure d'un débarquement si facile. En effet, nous étions maîtres d'une position excellente, nous n'avions à regretter la perte que de cent quatre-vingt tués ou blessés, pour obtenir un résultat aussi décisif, tandis qu'une défense plus intelligente eût dû nous coûter trois ou quatre mille hommes. Ensuite on parla dans l'intimité des nouvelles de France. Le général en chef répéta ses regrets qu'on eût dissous les Chambres, malgré la parole de M. de Polignac de ne rien innover en son absence; il paraissait craindre que ce ne fût qu'une première faute.

Dans la journée, on leva le plan de tout le terrain que nous occupions; on traça le retranchement qui devait fermer la presqu'île. Plusieurs bâtimens de guerre s'embossèrent sur nos flancs pour les protéger. Le génie et l'artillerie, l'intendance, le service des hôpitaux et des subsistances commencèrent à s'installer. Il n'y avait que six puits dans notre enceinte, ce qui était insuffisant pour tant d'hommes et de chevaux. On creusa des citernes, on ouvrit plusieurs abreuvoirs. En peu de jours le camp offrait ce mouvement, cette vie, auxquels les palmiers, les aloës, le site et le climat donnaient un aspect si varié et si pittoresque.

Dans la journée, le colonel Philosophoff, de l'artillerie russe, aide-de-camp du grand-duc Michel, vint faire partie du quartier-général. Il était accompagné de Dobinsky, lieutenant des sapeurs de la garde impériale russe. Les étrangers ont, en général, l'attention et le talent, pour faire valoir leur pays, et le représenter au-dehors, de choisir des hommes qui réunissent la capacité à l'excellence des manières. L'empereur Nicolas ne s'était pas trompé en mettant le colonel Philosophoff en évidence.

Elevé dans la maison des pages, il en était sorti pour faire les campagnes du Caucase; il était revenu pour joindre l'armée de Turquie; ce fut lui qui eut la conduite du siége de Silistrie; et en dépit d'une fièvre opiniâtre qui depuis dix-huit mois le retenait au lit tous les trois jours, il arrivait en Afrique, n'ayant jamais quitté son uniforme, depuis son entrée au service.

Le roi de Prusse avait envoyé le capitaine Leclerc, qu'on vit constamment aux avant-postes, et qui s'y fit assez remarquer pour mériter la croix de la Légion-d'Honneur.

M. Mansell, de la marine royale d'Angleterre, et capitaine de pavillon de lord Exmouth, à bord de *la reine Charlotte*, au bombardement d'Alger en 1816, brûlait de venir avec nous. Le général en chef eut beaucoup de peine à vaincre les préventions et l'éloignement de la marine contre un officier anglais de cette arme. Ce ne fut que tard, le 17 mai, qu'il put obtenir son embarquement; il l'en fit prévenir à dix heures du soir. L'activité et la valeur du capitaine Mansell lui ont fait le plus grand honneur; et sans la révolution de juillet, il eût reçu des voltigeurs de l'armée le même hommage que le prince de Carignan, aujourd'hui roi de Sardaigne, reçut de nos grenadiers en Espagne.

Le 16, un de ces violens orages si désastreux dans ces parages, se mêlant à un horrible coup de vent de nord-ouest, mit notre flotte en grand péril. Plusieurs bâtimens chassant sur leurs ancres, menaçaient d'être brisés à la côte. Le général en chef, désolé, sortait ou envoyait à chaque instant sur une terrasse dominant les deux golfes pour interroger les progrès de l'ouragan. Deux heures de tempête de plus pouvaient anéantir toutes nos espérances. *La Vigogne*, malgré les efforts d'un bâtiment à vapeur, était tout à fait en dérive et au moment d'échouer. Le reste de la flotte était plus ou moins en danger, lorsque tout à coup le vent tourna. Ce fut presque l'effet du *quos ego?* Les bâtimens se relevèrent, s'appuyèrent sur leurs ancres. Dans la soirée, on continua de débarquer du matériel.

Le 17, presque tous les officiers eurent leurs gens, chevaux et bagages; tous les services, quelques voitures attelées, et l'artillerie des chevaux pour plusieurs batteries et leurs caissons.

Sauf quelques coups de fusil aux avant-postes, la journée du 18 fut fort paisible.

On avait distribué des tentes la veille; on ne bivaquait plus dans le camp. Les jours étaient brûlans, les nuits d'une extrême fraîcheur, augmentée par une rosée si abondante, qu'elle tamisait au travers de la toile et pénétrait dans l'intérieur.

Le 19, entre trois et quatre heures du matin, quarante à cinquante mille Turcs ou Arabes de toutes les provinces et de toutes les tribus, attaquèrent vivement sur toute l'étendue de notre ligne; ils étaient conduits par Ibrahim-Aga, gendre du dey, et par les trois beys de Constantine, d'Oran et de Tittery.

Environ cinq mille Turcs ou Koul-Oglis assaillirent notre gauche avec fureur; ils emportèrent un redan qui protégeait la grand'garde. Ils s'étaient jetés sur une redoute défendue par un bataillon du 28e; étonné, il avait reculé; vingt-cinq hommes seulement restaient au drapeau. Un Turc, superbement vêtu, venait de planter son étendart sur le parapet, lorsque le capitaine le Gallois le joignit et le renversa d'un coup de sabre. Un second Turc de marque reçut un coup de baïonnette d'un grenadier. En ce moment un bataillon du 29e déboucha sur les flancs de l'ennemi. Le musulman blessé, sentant qu'il ne pouvait échapper, regarda froidement sa blessure, leva les yeux au ciel, et s'acheva d'un coup de poignard. Le 28e, revenu de sa surprise, s'élança sur l'ennemi. Le général Clouet, qui n'a paru en Afrique que pour ajouter à sa réputation déjà si bien établie, fut entraîné par l'impulsion des troupes. Leur ardeur leur fit gagner plus de terrain qu'on avait le projet d'en occuper. Les voitures, les chevaux d'artillerie, le matériel de tout genre étaient encore en trop faible quantité pour risquer un mouvement trop éloigné de notre place d'armes.

Le 37e occupait un mamelon, dont la brigade Achard s'était emparé. Le général en chef était établi sur cette élévation, centre et point culminant de notre position, et précisément en regard de la batterie algérienne qui défendait le camp de Staoueli. Nous y avions trouvé le général Achard, pris par la goutte à un pied, mais toujours au milieu des soldats, qui le mettaient à cheval ou l'en descendaient.

La première division formait notre droite.

Le général en chef examinait tranquillement le terrain, combinait en lui-même les chances de se maintenir à Staoueli, malgré la privation des ressources nécessaires; mais confiant dans la résolution de l'armée, il se décida hardiment à emporter le camp arabe, et à s'y établir. La deuxième division reçut l'ordre de tourner sur le champ la gauche de l'ennemi. Pendant que ce mouvement s'opérait, nos tirailleurs s'étaient portés au-delà d'un ravin assez large, coupé par un ruisseau, et s'étendant jusqu'à une fontaine très-ombragée, qui formait une sorte d'oasis dans cette vaste étendue de bruyères. Les Arabes à pied et à cheval entretenaient vivement cette petite guerre. Deux pièces de huit marchant immédiatement devant le général en chef et son état-major, et deux avec la seconde division, étaient notre seule artillerie attelée et disponible. Les deux premières envoyaient de temps à autre quelques volées à la batterie ennemie. Elle se composait de treize pièces de seize, abritées par un mauvais parapet, derrière un plus mauvais fossé, et de deux mortiers à barbette, placés aux deux extrémités de la batterie, comme deux vases aux deux bouts d'une terrasse antique. Une nuée d'infanterie de toute espèce, de costumes variés, des cavaliers en masse et toujours en mouvement, montraient une ligne longue qu'on distinguait parfaitement avec les lunettes. Tel était le tableau pittoresque du plus neuf et du plus étrange des panoramas.

A peine la deuxième division eut-elle exécuté son mouvement et fut-elle à la hauteur de la première division formant sa gauche, que le général en chef ordonna la marche : on battit bientôt après la charge. Les troupes se précipitèrent sur la batterie au pas de course. Le 20ᵉ et le 37ᵉ en occupèrent chacun la moitié, et y plantèrent leurs drapeaux.

Les Arabes fuyaient dans toutes les directions; nous étions maîtres de leur camp, de leurs magasins; trois ou quatre cents tentes, cent chameaux, tout ce que renfermait ce village nomade tomba en notre pouvoir; trois tentes habitées par l'aga et deux des beys étaient remarquables par leur recherche; une entr'autre eût été, par sa dimension et son élégance, un objet de luxe pour une fête d'été chez un prince européen.

L'artillerie, l'état major, deux bataillons et quarante lanciers, unique cavalerie qui fût encore à notre disposition, s'avancèrent à trois-quarts de lieue de Staoueli; mais l'ennemi avait disparu devant nous, et cette dernière marche se borna à une utile reconnaissance.

Nous revînmes au camp; il fut décidé qu'on l'occuperait avec la première et la seconde division.

Les trois régimens de la division d'Escars rentrèrent le soir avec l'état-major-général dans la presqu'île de Sidi-Ferruch.

Cette journée nous coûta environ quatre à cinq cents hommes. Au retour, le général en chef alla visiter les blessés. C'est ici l'occasion de payer un tribut d'éloges justement mérités au baron Denniée, intendant en chef de l'armée. Homme du monde, agréable et de plaisir, il se montra en Afrique administrateur actif et éclairé; renommé par sa facilité de travail, il semblait se multiplier pour satisfaire à la surveillance de tous les services; son organisation des hôpitaux fut le seul luxe de l'armée. On ne saurait trop louer l'assiduité et le zèle des officiers de santé, la recherche de leurs soins pour les malades et les blessés. On avait réuni tout ce qui pouvait contribuer à la bonne tenue et à la salubrité des hôpitaux. On y guérit sans privation, on y mourut sans dégoût.

Le baron Denniée parut à toutes les affaires avec la légèreté de son caractère, mais avec toute la prévoyance de sa raison. A peine voyait-il l'armée ou un fort détachement occuper un nouvel emplacement, il retournait en toute hâte à Sidi-Ferruch; et quelles qu'aient été la distance et la difficulté des transports, il sut toujours faire plus que la nécessité; et jamais les troupes n'éprouvèrent de retard dans leurs distributions.

Le 20, le génie commença à tracer et à ouvrir une route de communication à travers la plaine, de Sidi-Ferruch à Staoueli. Deux redoutes intermédiaires furent établies, et armées de quatre pièces de canon chacune, pour assurer la marche de nos convois. Une troisième fut construite en avant de Staoueli pour la défense du camp. On en commença une quatrième à cinq cents toises plus loin, pour appuyer nos premiers mouvemens offensifs.

Ces prévisions employèrent les journées des 20, 21, 22 et 23. Les communications étaient parfaitement établies entre les deux camps; mais il fallait se garder de s'écarter de la route; on courait risque de tomber dans un parti d'Arabes, et ils ne faisaient aucun quartier. C'est ainsi que M. Amoros, officier d'artillerie, et M. David, jeune homme attaché à l'intendance, furent surpris dans la plaine. M. David, tapi dans un fourré épais, échappa aux recherches de ces barbares. M. Amoros, moins heureux, fut entraîné à quelque distance, et le soir sa tête était déposée aux pieds du dey, qui les payait cinquante piastres fortes.

Le 24, au lever du soleil, les Arabes renouvelèrent une attaque générale. Nous avions cette fois trois cents lanciers. Le général en chef poussa tout le centre ennemi, mais sans pouvoir faire usage de sa cavalerie. Plus nous avancions, plus le terrain était difficile; des accidens de nature multipliés, des ravins profonds, des ressauts imprévus; rien ne se rapportait à ce qui avait été présumé; il fallait voir pour apprendre.

Nous allions rejoindre le général en chef, lorsqu'en traversant un vallon de peu d'étendue, nous aperçûmes le général Danremont, marchant avec les 2e léger et 3e de ligne, aux prises avec les Arabes. Il avait repoussé leur attaque, et ployait ces régimens en colonnes pour chasser l'ennemi d'une éminence couverte d'oliviers, de figuiers, et entourée de haies presque impénétrables. Cette position offrait des moyens de résistance qu'on eût difficilement surmontés contre une détermination courageuse et bien dirigée. Le colonel Frescheville, à cheval à la tête du 2e, reçut une balle qui s'incrusta dans le tibia, au ras de la jambe. On le descendit, on fit tomber la balle, on le pansa, puis il se remit en marche. Ses voltigeurs, harassés et écrasés par la chaleur, s'étaient couchés sous les arbres pour jouir de leur ombrage et prendre un moment de repos; on avait peine à les arracher de ce bosquet si attrayant pour la fatigue, lorsque le colonel leur cria : « Je suis blessé, et je marche! » Ces mots suffirent pour remettre chacun en mouvement.

Séparés par un ravin profond, et le pays le plus raboteux, nous distinguâmes au-dessous de nous un champ fort étendu fermé de haies. Au milieu, on voyait une assez jolie maison occupée par trente de nos soldats qui avaient brûlé toutes leurs cartouches; ils étaient assaillis par un parti nombreux d'Arabes, voulant à tout prix s'emparer de ce poste. On commanda à deux compagnies d'élite du 49e de dégager nos hommes. A l'instant, Amédée de Bourmont franchit la haie au milieu d'une grèle de coups de fusil. Une balle emporte son pompon; une autre fausse la lame de son sabre; une troisième en brise la poignée dans sa main; la quatrième lui traversa la poitrine; neuf grenadiers tombèrent en même temps derrière lui. Les Arabes furent chassés, et notre détachement délivré.

Nous avions vu ce combat sans pouvoir en juger les détails. Nous quittâmes le colonel Frescheville pour rejoindre le général en chef. Ce fut là que nous apprîmes la blessure de son fils, qu'il ignora jusqu'au soir.

Notre centre continua son mouvement jusqu'à trois heures, l'ennemi fuyant toujours, et terminant la journée par l'incendie d'un magasin à poudre, à quatre cents toises en avant de nous. Ce fut une très-belle explosion, dont la fumée nous enveloppa pendant quelques instans d'un nuage épais, et nous couvrit de la poussière de ses débris.

Dans cette occasion et chaque jour on reconnaissait les avantages du nouveau modèle de notre artillerie; la bravoure et l'activité du général la Hitte ne lui faisaient connaître aucun obstacle; l'instruction et le zèle des officiers de cette arme le secondaient parfaitement. La précision du tir était telle, qu'avant l'explosion on cria au pointeur : « A la maison, en rasant la haie. »

Le coup porta en plein en enlevant la sommité des raquettes.

Nous n'étions plus qu'à deux lieues d'Alger; la première division établit des bivouacs un peu en arrière du terrain que nous venions d'occuper; il nous fallait donc, en raison de sa surface, l'emploi de toutes nos troupes pour le conserver.

En conséquence, dès que le général en chef fut rentré au camp, il envoya l'ordre au lieutenant-général d'Escars de se mettre en marche le lendemain au point du jour avec sa division, et de former la gauche de l'armée, de rendre toutes les tentes à l'intendance, et de laisser seulement quinze cents hommes à la garde du camp, sous les ordres du général Munck d'Uzer. Ces troupes devaient être relevées par le même nombre de marins, commandés par le capitaine Hugon, officier d'une grande distinction. Cet arrangement fut retardé par quelques discussions avec l'amiral Duperré, et reçut enfin son exécution dans les premiers jours du mois suivant.

Le 25, la division d'Escars occupa la position qui lui avait été assignée; elle était périlleuse, car en quatre jours cette division eut près de mille hommes hors de combat; mais le duc d'Escars se maintint avec une résolution et une intelligence qui furent très-admirées. Le général Berthier se distingua beaucoup.

On transporta Amédée de Bourmont à Sidi-Ferruch. Pendant quelques jours, on espéra le sauver : malgré les soins les plus assidus, on prétend qu'une imprudence compliqua sa blessure d'une inflammation de poitrine. Ce jeune homme, d'un physique charmant, plein d'intrépidité, avait autant d'âme que de grâce dans les manières. Généralement aimé, il emporta les regrets de tous ceux qui l'avaient connu; il était apprécié pour tout ce qu'il valait, comme pour ce qu'il donnait d'espérance.

Le 26, le général en chef se porta aux avant-postes, dans l'intention de refouler les Arabes dans Alger et d'investir la place ; mais après un conseil tenu immédiatement, on reconnut qu'on augmenterait la difficulté des subsistances et des transports, sans accélérer le dénouement. On continua donc la route entreprise, on construisit de nouvelles redoutes ; cette journée fut très-vive pour nos tirailleurs. Elle nous coûta deux cent quatre vingt-cinq tués ou blessés, dont un capitaine du 9e léger, tué. Nous avions du désavantage dans cette petite guerre; mais il fallut forcément l'entretenir pour conserver nos positions. Elle aguerrit les Arabes, fort intelligens dans ce genre de combat. Leurs hommes à pied se couvrent mieux que notre infanterie, qui met une sorte de vanité à se montrer. Ils tirent couchés, et s'éloignent en rampant après avoir fait feu. Tous les coups qu'on riposte, au jugé, sont perdus. Leurs vieilles canardières, du modèle d'un siècle et demi, ont plus de portée que nos fusils. Leurs cavaliers s'approchent, s'éloignent, et reviennent au galop; on retrouve en eux les anciens Numides. Une balle vint mourir sur la bouche du colonel Maignan, et ne laissa heureusement qu'une forte contusion.

Le scheick d'une tribu assez considérable de la côte de Bone, vint, sous le costume d'un mendiant, réclamer notre appui et notre ancienne amitié. Il demandait à être reconduit par mer à la hauteur de sa résidence, promettant de rappeler à l'instant sa tribu du camp arabe. Il n'osa pas aller en personne lui exprimer sa volonté. Il craignait le sort de trois chefs qui avaient négocié avec nous, et dont nous trouvâmes les têtes au-dessus des portes de la ville, faisant partie de ces monstrueux trophées de la barbarie africaine.

Le 27, nous eûmes deux cents hommes hors de combat, et trente à quarante tués. Le chef de bataillon Borne, aide-de-camp du général d'Escars, eut l'épaule emportée par un boulet de 16. Marié depuis six mois avec une femme jeune, jolie, riche, il l'avait quittée pour ne plus la revoir; il ne devait pas connaître son enfant. Le général était prêt à se mettre à table; on tirait beaucoup d'une batterie algérienne. Borne sort pour examiner l'effet; à vingt pas, il était atteint.

Le soir, ce malheureux évènement amena la conversation sur la fatalité, dont les exemples sont si communs à la guerre, de même que les heureuses témérités. Alors le colonel Philosophoff raconta : « Nous arrivions devant Kars dans « l'Asie mineure, avec le général Paskewitsch. « Il n'y avait qu'une seule issue pour le débouché « des troupes : l'artillerie la battait avec deux cent « soixante-douze pièces. L'armée russe franchit « ce pas difficile, ne perdant que trois ou quatre « cents hommes. Le général Paskewitsch pousse « avec sa suite jusqu'au chemin couvert, demande « sa tente, espèce de parasol abritant sept ou « huit personnes, et que portait toujours une de « ses ordonnances. Il se fait servir à dejeûner, « amener la musique de deux régimens; en se levant de table et remontant à cheval, il ordonne « de reployer la tente. Un coup de canon en « évita le soin. »

Les convives eurent-ils un appétit bien franc?

l'orchestre fut-il bien harmonieux et sans discordance? On n'en dit rien; mais ce trait de hardiesse imposa tellement aux Turcs, que la place se rendit beaucoup plus tôt.

Le 28, le feu fut plus vif aux avant-postes. Nos pièces firent taire une batterie arabe. A trois heures, le général en chef ordonna de porter son quartier-général à la Maison-Blanche, qui est à une lieue en avant de Staoueli. Un bataillon du 2ᵉ léger s'était laissé surprendre, en nettoyant ses armes. Une charge très-hardie de la cavalerie arabe lui mit près de deux cents hommes hors de combat. L'amiral Duperré n'avait fait partir la 2ᵉ division du convoi de charge, que douze jours après nous; ce qui nous coûta mille hommes de plus et huit jours de retard.

Le quartier-général était établi à la Maison-Blanche, les postes placés, les feux allumés, lorsqu'à dix heures du soir, le général en chef donna l'ordre de le rejoindre. On renversa les marmites, on releva les postes, et à minuit on le trouva à son bivouac.

Le 29, à trois heures du matin, on battit la diane, les troupes s'assemblèrent; à quatre heures tout était en mouvement.

Le général en chef enleva toutes les positions devant lui avec la 1ʳᵉ division. Rien ne fut plus brillant que l'élan des soldats, gravissant les hauteurs, et les emportant aux cris de *vive le roi!*

Le général se porta sur le champ à la 3e division, qui avait trouvé plus de résistance, et plus d'obstacles naturels; mais elle obtint les mêmes succès. A dix heures du matin, nous étions au pied du Boud-Jareah, ayant refoulé dans Alger tout ce qui était devant les deux divisions. Cependant on n'avait pas de nouvelles de la 2e division, formant notre droite, et devant pousser jusqu'à la mer, pour couper toutes les communications entre la ville et l'intérieur des terres. Cette inexécution des ordres du général en chef aurait pu compromettre les avantages de la journée avec un ennemi plus habile et moins découragé, s'il eût attaqué notre centre. On envoyait aide-de-camp sur aide-de-camp au général Loverdo, qui n'en tenait compte. Enfin, à midi, M. de Bourmont se rendit à pied à la maison de campagne du juif Bacri. On l'engageait à y établir son quartier-général; mais il la trouva trop loin des opérations de siége du fort de l'Empereur. Après une courte halte, et un rafraîchissement plus qu'exigu, le général en chef remonte à cheval en disant : « Tâchons donc de retrouver le général Loverdo. »

Nous tournâmes la ville, le général en chef

s'arrêtant souvent pour parler aux différens corps sur son passage, ou pour reconnaître les approches de la place. A trois heures, nous entrâmes dans un champ assez vaste, d'une coupe inégale, aboutissant à un ravin profond. Au bas on voyait la maison très-soignée du consul des États-Unis d'Amérique; en face, sur une espèce de coteau, une habitation fort belle, appartenant au consul d'Espagne; nous étions arrivés par la chaussée romaine, conservée pendant plusieurs lieues; mais fort dégradée. Nous nous trouvions à deux cent cinquante toises du château de l'Empereur; de ce côté, à une des extrémités du champ, était située la maison du consul de Suède, que les boulets bouleversèrent presqu'entièrement. Ce fut là qu'on ouvrit le soir la tranchée. Une haie nous séparait des Arabes, qui échangeaient des coups de fusil avec deux compagnies de voltigeurs, seule force dont on pût disposer sur ce point, par l'absence de la 2e division.

Couchés et groupés sous quelques figuiers, qui nous donnaient un peu d'ombre, nous causions, fatigués, ennuyés d'attendre le général Loverdo, qui ne paraissait pas. Nous restâmes pendant une heure et demie au milieu d'une pluie de bombes et de boulets, qui, par miracle, ne touchèrent personne. Enfin, le général en chef, impatienté, alla se placer à un quart de lieue en arrière, sur une petite éminence, pour choisir et désigner son quartier-général ; on marqua son logement, et on lui fit observer que pendant ce travail, un brigadier de l'escorte avait été blessé à la main par un éclat de bombe. Il répondit « que quel« ques bombes ou boulets de plus lui étaient in« différens. » Il s'établit, et chacun se casa selon l'espace, ce qui était rigoureusement la place pour un homme et pour son mince bagage.

Le 30 au soir, et les jours suivans, on continua les travaux devant le fort de l'Empereur. On fit venir du camp de Staoueli les bagages, les interprètes, et l'excédant des troupes inutiles à la sûreté de nos communications.

La 2e division était enfin arrivée, fort tard, le 29. On l'envoya occuper les postes de la division d'Escars, qui vint former notre droite.

Les Arabes et les Kabyles étaient presque tous retournés dans leurs montagnes. Il n'en restait plus qu'environ trois ou quatre mille des tribus les moins diligentes. Les revers amènent toujours les défections, et ce sont les premiers présages de la chute d'un Etat menacé. Déjà la garnison de la ville était réduite à huit ou dix mille Turcs ou Koul-Oglis.

Depuis l'ouverture de la tranchée nous avons

eu un capitaine adjudant-major tué, et quelques centaines de soldats hors de combat.

Ce même jour 30, le chef de bataillon du génie Chambaud fut mortellement blessé : le chef de bataillon Vaillant, de la même arme, fut aussi atteint grièvement à la jambe. Le général Valazé, profondément ému du malheur de ces deux officiers distingués, s'emporta de la manière la plus énergique contre le général Desprez. On lui avait promis douze cents travailleurs, il n'en trouva que cinq cents; à peine était-on couvert; et les nuits étaient si courtes! C'était exposer les plus braves gens du monde et les plus utiles! Le général Desprez alla à la tranchée; on fournit sept cents hommes de plus; on appela cela un *malentendu*, et on n'en parla pas davantage.

Le prince de Schwarzenberg, fils du feld-maréchal, arriva dans la matinée. Nous attendions onze officiers espagnols de marque. Leur flegme national leur avait fait perdre deux mois en préparatifs; ils ne nous rejoignirent qu'à Alger, et se rembarquèrent après une simple visite, disant au moment de prendre congé : « On ne peut re« joindre une armée française en veine de succès. »

Le 1er juillet, l'amiral Duperré vint avec sa flotte parader devant Alger, defilant devant les batteries de la ville; il fit tirer plus de quatre mille coups de canon hors de portée; dès que les Turcs s'en aperçurent, ils cessèrent leur feu; mais ce simulacre de combat n'en fut pas moins un magnifique spectacle.

Le 2, un sergent et seize hommes prirent les trois batteries de la côte, que nos vaisseaux avaient canonnées la veille avec tant de luxe. On y trouva vingt-deux pièces, dont seize enclouées; beaucoup de poudre et de munitions.

Le 3, nous avions cinq batteries armées, sur sept; les deux autres le furent le soir; on ne voulut ouvrir leur feu que pour écraser le fort.

On attendait dans la journée les envoyés de Tunis. Le général en chef envoya un officier pour les recevoir.

Nous donnions asile, depuis quelques jours, à cinq ou six mille Juifs chassés de la ville; ils étaient cependant plus nos ennemis que nos amis. Leur craintive servilité leur laissait une si grande idée du pouvoir algérien, qu'ils tremblaient encore devant son ombre. Plusieurs étaient restés espions du dey. Cette classe d'hommes avilis ne pouvait porter sur la tête qu'une calotte noire; elle était obligée de marcher en pantoufles et les jambes nues. Elle ne vivait que de ses échanges avec la piraterie et du maniement des deniers publics. Le dey héritait de ceux qui parvenaient à accumuler de trop grandes richesses, en les faisant décapiter: s'il ne pouvait atteindre leur fortune, il composait avec eux, après la torture. Au reste, cette méprisable nation, qui infecte toutes les contrées du monde, regrettera jusqu'aux profits de son état de dégradation, par la perte des lucres de toute espèce qui la lui faisaient supporter. Ce fut un tort à l'administration française de s'être entourée de ces misérables, de les avoir protégés. Cette conduite nous a fait perdre beaucoup dans l'esprit et dans la considération des Maures, bien plus intéressans à nous attacher, et dont le caractère, aussi actif et plus généreux, nous eût fourni de meilleures garanties.

Les environs d'Alger offrent l'aspect le plus agréable dans le rayon d'une lieue. Le terrain est continuellement accidenté, varié de plantations, de rochers, d'eaux vives, et d'une végétation productive et vigoureuse. Les maisons de campagne sont si multipliées, qu'on se croit dans un magnifique village, entrecoupé de beaux jardins. Boutin a commis une erreur en parlant du manque de bois; il est très-commun. Les fruits, les légumes sont d'une qualité excellente; ils étaient rares, parce que les avant-gardes dévastent tout.

On tira beaucoup plus ce jour-là sur le quartier-général; plusieurs éclats de bombes vinrent tomber dans son très-petit jardin. Au-delà est un plus grand enclos, où la culture se mêle aux plantations, et qu'entoure de fortes haies d'aloës et de raquettes. C'est une forteresse qu'une maison, avec ses fenêtres grillées, ses portes basses et étroites, les terrasses plates qui les couvrent, dont on peut voir au loin et tirer sur des assaillans. On remarque qu'on a bâti pour pouvoir se défendre contre les voisins et contre les Arabes. Ce sont les mœurs du treizième siècle, avec l'empreinte religieuse des sectateurs d'Aly; une féodalité viagère, individuelle, inconstante comme le caprice du despote, qui peut à toute heure demander la tête et les dépouilles de son vassal.

Ce matin, un boulet de 24, sous les fenêtres du quartier-général et dans le chemin creux qui le borde, tua quatre hommes et emporta les jambes de trois. Notre perte, jusqu'à ce jour, devait dépasser deux mille cinq cens hommes.

Depuis trois semaines, personne ne s'était deshabillé que pour faire sa toilette. Manger du riz et boire frais n'étaient pas des jouissances quotidiennes. Les journaux de Paris parlaient de notre luxe; il aurait fallu envoyer les rédacteurs passer huit jours ici, pour les guérir de leur poësie dénigrante. Les *Spartiates* de l'armée d'Egypte étaient de vrais sybarites auprès de l'armée d'Afrique; mais nul ne se plaignait; les soldats travaillaient avec une ardeur admirable, au milieu du danger, d'une poussière étouffante et par un soleil brûlant.

Le 4, à trois heures du matin, le général en chef arriva avec son état-major, à la maison du consul d'Espagne, ne faisant qu'aller et venir à nos batteries. Malgré la supériorité de notre matériel et du personnel, qu'on ne peut assez vanter, il y eut, les deux premières heures, avantage du côté des Algériens. Les Turcs essayèrent d'emporter nos tranchées, et les plus hardis s'y firent tuer. Enfin, à dix heures, écrasés par nos boulets et nos bombes, après avoir tenté de se retirer dans la ville, essuyé les décharges que le dey fit faire sur eux pour les forcer à rentrer dans le fort, les Turcs mirent le feu à un magasin à poudre. C'était la plus étonnante explosion qu'on puisse imaginer, par son intensité et l'étonnante variété de ses couleurs et de ses feux. Le général Hurel, avec son intrépidité si connue, se porta sur le champ vers le fort avec un bataillon et en fit occuper les ruines. La tour du milieu était écroulée; le pan de mur du côté du chemin creux ne présentait que des décombres; mais c'était une position qui, dominant la ville, devait bientôt l'obliger à capituler. Nous perdîmes dans cette matinée M. de Ramazan, lieutenant d'artillerie, et quelques canonniers.

A deux heures, le général en chef monta à cheval et se rendit au fort de l'Empereur. Une compagnie de grenadiers tenta de surprendre le fort de Babazoun; mais elle perdit quelques hommes sans pouvoir y pénétrer. Alors deux pièces que nous avions placées à l'angle du fort de l'Empereur, commencèrent à tirer sur Babazoun, qui riposta. M. de la Redorte, officier d'artillerie, pointa quelques pièces du château de l'Empereur, qui avaient à peine envoyé quelques volées, que deux Turcs vinrent au nom du divan proposer une capitulation. C'étaient deux beaux hommes, élégamment vêtus, montés sur des mules de grande taille, et suivis de deux esclaves noirs. La conférence se tint dans un des fossés du fort, sans interrompre la canonnade. Après de longs pourparlers, le général en chef donna son ultimatum, fixant jusqu'à sept heures pour son acceptation.

Les plénipotentiaires revinrent une heure après, avec les propositions consenties. On remit au lendemain l'échange des ratifications, et notre entrée dans la ville. Seulement ils proposèrent d'apporter la tête du dey, si cela pouvait faire plaisir au général en chef : présent et satisfaction arabes, dont on ne fut pas tenté de profiter.

Pendant ce temps, le général Valazé faisait toutes ses dispositions pour élever des batteries sur un mamelon très rapproché de la ville, et qui la commandait.

Le général en chef remonta à cheval, pour retourner à son quartier-général, et commencer ses dépêches. Le lendemain de grand matin, fut rédigée et signée la convention suivante :

Convention entre le général en chef et Son Altesse le dey d'Alger.

« Les forts de la Cassauba, tous les autres forts
« qui dépendent d'Alger, et les portes de la ville
« seront remis aux troupes françaises, ce matin
« à dix heures (heure française).

« Le général en chef de l'armée française s'en-
« gage, envers S. A. le dey d'Alger, à lui lais-
« ser la libre possession de toutes ses richesses
« personnelles.

« Le dey sera libre de se retirer avec sa fa-
« mille et ses richesses dans le lieu qu'il fixera ;
« et tant qu'il restera à Alger, il sera, lui et
« toute sa famille, sous la protection du général
« en chef de l'armée française. Une garde lui

« sera donnée pour la sûreté de sa personne et « de sa famille.

« Le général en chef assure à tous les soldats « de la milice les mêmes avantages et la même « protection.

« L'exercice de la religion mahométane res- « tera libre. La liberté des habitans de toutes « classes, leur religion, leurs propriétés, leur « commerce et leur industrie ne recevront au- « cune atteinte; leurs femmes seront respectées, « le général en chef en prend l'engagement sur « l'honneur.

« L'échange de cette convention sera faite « avant dix heures, ce matin, et les troupes « françaises entreront aussitôt après dans la Cas- « sauba, et successivement dans les autres forts « de la ville et de la marine.

« Au camp devant Alger, le 5 juillet 1830. »

Nos bulletins étaient plus que modestes, ils n'avaient ni la hardiesse simple et laconique de Suwarow, ni l'orientalisme de ceux de Napoléon. L'habitude de l'exagération a conduit en France à réduire sur tous les récits. Aussi l'amiral Duperré adressait-il des rapports romantiques que nous n'avions pas le bon sens d'imaginer. Chacun croyait à Paris que nous étions spectateurs bénévoles des triomphes de la marine. Le soir de la prise du fort, on avait reçu de France un des bulletins de l'amiral; et un de nos généraux de s'écrier : « Vous verrez qu'il va écrire que *la* « *Provence* a jeté l'ancre dans les fossés du châ- « teau de l'empereur. »

Au reste, ce serait un tort de reprocher à un chef de faire valoir son arme et ses subordonnés; c'est hausser son piédestal. Furetière a traduit bien des pensées, bien des habitudes quand il professait « qu'il faut toujours dire du bien de « soi, parce que cela se répète, et qu'on ne dit « pas de qui on le tient. »

La marine française a rendu dans cette expédition de grands services par la célérité de ses préparatifs, par l'heureuse habileté du débarquement. Elle a couru et bravé les risques de la tourmente du 16, dans une des rades les plus dangereuses du monde. Elle a manqué, faute d'occasion, une gloire plus brillante; mais elle en conserve dans ses souvenirs, comme il lui en restera toujours dans ses espérances.

Le 5, à dix heures, le général en chef ordonna au commandant du quartier-général de partir pour Alger avec MM. de Trélan, Huder et l'Auxerrois, interprète de première classe.

En ce moment arrivaient au quartier-général, sous la conduite des consuls et vice-consuls d'Angleterre, les prisonniers qui avaient échappé au naufrage *du Sylène* et de *l'Aventure*. Les Bédouins en avaient massacré plus de la moitié. Les autres, ramenés à Alger, avaient dû aux efforts du comte Dattili, consul de Sardaigne, un adoucissement à leur captivité; c'était lui qui venait de les faire habiller et qui avait négocié leur liberté aussitôt après la capitulation.

Les officiers envoyés par le général en chef avaient l'ordre de s'entendre avec le dey pour l'établissement du quartier-général. La Cassauba devait être partagée entre les Français et les Turcs, pour cette première nuit seulement, et le lendemain ce prince se serait retiré dans une maison de la ville qui lui appartenait.

Arrivés à la porte de la citadelle, les Français annoncèrent leur mission; mais il se passa plus d'une demi-heure avant qu'ils fussent admis. Ils montèrent la rampe roide et étroite qui conduit au palais, entre deux haies de gardes du dey et une foule de curieux; les costumes étaient aussi variés que la couleur des hommes. Les Français descendirent de cheval, entrèrent dans une cour pavée en marbre, rafraîchie par une grande fontaine également en marbre, qui en occupait un des coins; un citronnier de vingt-cinq à trente pieds s'élevait en face. On les introduisit sous une espèce d'arcade, où ils trouvèrent le dey, assis à la turque sur des coussins, avec le ministre des finances. Un petit nombre de gardes et d'esclaves étaient autour d'eux.

Après quelques révérences, un compliment par interprète, le dey, selon l'usage oriental, fit apporter un grand bol de limonade glacée, en but le premier, la fit passer aux Français, ensuite aux ministres, la suite l'acheva. Alors on parla d'affaires. Le dey s'étonna à la pensée de se trouver, même une nuit, en communication avec un quartier-général français. On débattit cependant la proposition, mais il s'obstina à la repousser, et finit par demander trois heures pour se retirer dans la ville avec son harem et ses richesses. Il envoya demander un fort beau sabre, puis en redemanda un autre d'un plus grand prix; c'était un *salem* qu'il voulait joindre à sa requête au général en chef. Puis il se ravisa. Pour ne pas paraître traiter avec trop de dureté un souverain malheureux, M. Huder fut chargé de porter cette inutile réclamation. Les troupes qui devaient occuper la ville étaient en marche, et ne devaient pas être éloignées; on ne pouvait les arrêter pour une si frivole raison. En effet, M. Huder revint au bout d'une demi-heure, annonçant un refus poli, mais formel, et que, dans peu de minutes, le général en chef ferait son entrée. Le dey rentra sur le champ dans ses appartemens, donna quelques ordres, et descendit précipitamment dans la ville avec ses femmes, sans qu'on eût l'éveil de cette retraite subite. Il laissa le ministre des finances pour recevoir le général. Le ministre voulait aussi se retirer; mais le commandant français s'y opposa positivement.

Aussitôt après le départ du dey, ses gens commencèrent à enlever ce qui lui appartenait, les uns par zèle, les autres probablement dans des intentions moins officieuses, car à l'instant il s'éleva une rixe entre les Turcs et les noirs; il y eut des sabres tirés. Pendant que les Français couraient à ce tumulte pour en connaître la cause, et cherchaient à empêcher le désordre, un détachement d'artillerie entrait dans la cour du palais; il refoula tous ceux qui voulaient sortir. Ce nouvel incident fut loin de faciliter les explications: la curiosité est si habituelle chez les Français. Les nouveaux arrivés se répandirent dans quelques pièces ouvertes. Le général en chef survint en ce moment avec son état-major, s'étonna qu'aucune troupe n'eût précédé le bataillon commandé pour former la garnison de la citadelle et en prendre les postes. Nous avons ignoré pourquoi cet ordre si simple et si absolu n'avait pas été exécuté. La présence du chef rétablit en peu de temps un calme universel. Les serviteurs du dey mirent à couvert ce qui lui était personnel, et qui avait été enlevé de l'intérieur; ils firent entre eux la police des délinquans. Le bataillon désigné arriva et occupa les postes nécessaires. Alors le ministre des finances complimenta le général, lui remit les clefs du trésor, qui passèrent immédiatement dans les mains de la commission nommée pour l'inventorier, et la garde en fut commise à un poste de gendarmerie.

On ne put disposer cette nuit, et pendant les deux jours suivans, que d'un tiers du palais. Le reste, encombré de mobilier et d'effets précieux qu'on avait promis de respecter, fut interdit à tout le monde, sauf aux membres de la commission; et des factionnaires, placés à toutes les issues, en empêchaient rigoureusement l'entrée.

Nous fûmes donc tellement resserrés, que personne n'était logé. Ce fut un pêle-mêle complet pendant les deux jours d'inventaire, pour distinguer la propriété du dey de ce qui pouvait appartenir à la Régence. Ce travail terminé, le dey fit transporter ce qui lui avait été garanti. On établit chacun le mieux possible, mais par chambrées plus ou moins nombreuses; il n'y eut que le général en chef et le chef d'état-major-général qui eurent une pièce pour eux seuls. L'intendant-général avait deux petites chambres, l'une renfermant son lit, et le passage pour arriver à une autre un peu plus grande, qui lui servait de cabinet de travail.

Ce n'est pas sans motif qu'on entre dans ces détails d'établissement, futiles en apparence, mais dont l'exacte vérité répond si simplement à ces cris infamans et tant répétés contre l'armée d'Afrique. Les opinions peuvent se combattre, chercher à se vaincre, mais la calomnie ne fut jamais une arme courtoise.

Après qu'on eut livré le palais à l'habitation de l'état-major, il se trouva une petite cour remplie de chiffons abandonnés; leur caractère national tenta quelques officiers bons dessinateurs, quelques jeunes gens qui voulaient en faire des déguisemens à leur premier carnaval en France. Mais des rigoristes se récrièrent contre le partage de ces objets sans valeur. Ce fut l'origine de tous les propos sur le pillage de la Cassauba. On était en vue dans ce palais à toute heure, à toute minute, depuis l'éperon jusqu'au plumet; on savait même le compte de votre modeste équipement. Cette habitation était plus que la maison de verre que désirait Socrate. Personne n'était chez soi.

Tout étant réglé au dedans et au dehors, les affaires reprirent leur cours.

Le 7, le général en chef apprit que son fils avait succombé. C'était de la gloire bien chère : et le destin avait encore de nouveaux comptes à lui demander de quelques jours de prospérité.

Le dey n'était occupé que de son mobilier, de ses femmes, de ses richesses, de ce qu'il avait pu sauver du naufrage de la puissance. Depuis que les révolutions sont devenues si communes, tout le monde veut vivre; le métier du pouvoir a perdu toute sa magie, du moment où le talent et la résolution manquent à son exercice. On passe sans transition comme sans effort du trône au fauteuil bourgeois. On ne suppute que le plus ou moins d'aisance dans ce nouvel état. L'humanité y gagne des révolutions moins sanglantes, mais la perversion des principes les rend peut-être bien plus subversives. En résultat, on nous a appris que les caractères sont encore plus déchus que les existences.

Il paraît que le dey sauva une partie des richesses du trésor par l'entremise des Anglais et des Juifs. Il fit de grandes distributions aux membres de la Régence et à sa garde. Aussi n'y trouva-t-on pas une pierre précieuse, et le trésor fut fort amoindri. On a appris, depuis le séjour de ce prince à Paris, qu'il avait éprouvé de grandes infidélités de la part des Juifs ses mandataires; il s'est trouvé *bien des non valeurs* dans les dépôts qu'il avait faits.

Le 8, on distribua, aux officiers-généraux et supérieurs de l'armée, les armes du cabinet du dey, plus des *bernous* et autres bagatelles, dont le prix est dans les honorables souvenirs qu'ils retracent.

Le bey de Tittery vint faire sa soumission à la France, aux mêmes conditions et sous le même tribut qui l'obligeaient envers la Régence. Il n'osa pas retourner chez lui. Peu aimé des Maures, il craignait l'esprit de mécontentement qui domine contre lui; il nous demanda une sauve-garde; on temporisa; on ne voulut pas commettre la protection de la France sans être assuré que son influence, sur la province de Tittery, appuyerait son chef. C'est un homme astucieux, et dont M. de Bourmont se méfia à juste titre.

La France sera matériellement indemnisée des frais de la guerre par 50 millions trouvés au trésor, et plus de 25 millions en canons, munitions, marchandises ou valeurs de toute espèce; et quelle colonie, si on sait en tirer partie !

Tout ce qu'il y avait de plus jeune et de plus

brave en Turcs a péri dans cette courte campagne; il en reste deux mille cinq cents vieux ou mariés, et mille hommes de la milice; mais ils s'agitent, correspondent avec les Kabyles. Plusieurs sont allés les joindre dans les montagnes. Pour étouffer ce germe de révolte, qui pourrait éclore d'une manière dangereuse, on prit le parti de les embarquer pour Smyrne : on leur donna 25 piastres fortes par tête, et, aux termes de la capitulation, la liberté d'emporter tout ce qu'ils possédaient.

La Porte a dû être plus embarrassée que satisfaite du retour de cette milice inquiète, audacieuse, accoutumée au pouvoir, à l'aisance et à l'impunité.

Le dey est venu faire sa visite au général en chef, qui la lui a rendue. Il voulait d'abord se retirer à Livourne; maintenant il préfère se fixer à Naples. Il doit partir le 10. C'est d'ailleurs un assez bon homme, cruel par nécessité, indifférent sur la vie des hommes par habitude. Il a montré de la politique et de l'habileté en préservant sa tête, malgré le nombre et la volonté de ses ennemis. Il disait hier au général : « C'est une chose « singulière, j'avais le plus grand respect et un « attachement sincère pour le roi de France; les « évènemens m'ont fait devenir son ennemi;

« *Dieu l'a voulu*, et le trône d'Alger est ren-
« versé. »

Ce prince était ministre de l'intérieur lorsqu'il succéda, le 1er mars 1818, à *Aly-Kodja*. Il a un frère et trois filles. L'aînée épousa le ministre de la marine, depuis élevé à la dignité d'*aga*, et étranglé par ordre de son beau-père, pour cause ou sous prétexte de conspiration contre lui.

Hussein avait donné sa seconde fille au neveu de cet aga; mais ils furent bientôt séparés. Ce neveu ne pouvant se consoler de la mort de son oncle, ne dissimulait pas sa douleur. Il fut donc disgracié, exilé, et se retira à Tunis. Le dey remaria sa fille au nouveau ministre de la marine. L'aga étranglé jouissait à juste titre de l'estime publique; il avait des talents et du mérite personnel. Sa perte fut causée par son opposition aux principes politiques du dey, et principalement par la manifestation trop ouverte de ses opinions sur la guerre avec la France.

La veuve du défunt aga a épousé le nouvel aga; et la troisième fille du dey n'avait que onze ans au moment de notre arrivée à Alger.

Ce prince, d'ailleurs, n'est pas heureux dans ses affections. Un neveu qu'il aimait tendrement, et le fils du kalife d'Oran, qu'il regardait comme un de ses enfans, périrent sur le champ de bataille, à l'affaire du 19. Le second mari de sa fille aînée conspira contre lui avant son départ. Il s'est retiré à Smyrne, au lieu de l'accompagner en Italie; et une haine mutuelle les séparera bien plus encore que la distance.

Le 14, on embarqua sur *le Marengo* onze officiers d'état-major retournant en France. Dans ce nombre se trouvaient plusieurs jeunes gens des plus notables familles de France : MM. de Talleyrand, de Noailles, de Béthisy, etc. Ils avaient apporté en Afrique cette bonne volonté et ce zèle qui distinguèrent toujours la jeunesse française dans les expéditions aventureuses. On doit faire une mention particulière du prince de Chalais, qui fut constamment dans cette campagne le modèle de tout ce qu'il est possible de désirer dans un jeune officier.

On pensa qu'il suffirait de laisser à Alger quatre brigades (douze mille hommes) sous les ordres du général Berthezène, et de faire repasser en France le reste de l'armée.

Le 15, on résolut d'envoyer à Bone la brigade Danremont. Ce ne fut qu'à notre retour en France que nous apprîmes combien son général avait conduit habilement cette opération. La lenteur habituelle de l'amiral Duperré suspendit jusqu'au 23 le départ de cette expédition. Le but était de reprendre nos anciens établissemens sur la côte. Cette entreprise devait aussi amener la soumission de la province de Constantine; mais les graves évènemens survenus en France firent avorter ce double projet. On devait déposer le bey, et le remplacer par un grand, beau Turc blessé à l'affaire du 19; mais après un examen plus approfondi, cette résolution fut abandonnée. On penchait à choisir Sidi-Mustapha, frère du bey de Tunis, prince éclairé, guerrier, et ami des Français, dont il parle la langue. Dans son pays on l'avait surnommé *le Sage*.

Le général en chef regardait comme des droits acquis les grâces méritées par l'armée. Il s'affligeait du retard que le ministère mettait à les envoyer. Il ne pouvait comprendre comment M. le dauphin, si prodigue de faveurs en Espagne, était si avare de justice pour l'armée d'Afrique. De jour en jour, M. de Bourmont en remettait la revue générale, dans l'espoir de reconnaître ses services d'une manière plus solennelle. Il partit sans avoir obtenu ce qui eût été pour lui la plus précieuse récompense.

M. de Bourmont n'avait reçu que deux croix de Saint-Louis : une pour son fils Amédée; elle n'honora qu'un cercueil! une pour son fils Charles;

mais par un noble sentiment de délicatesse, il ne permit pas qu'en la portant, il s'isolât de la gloire de l'armée par une grâce anticipée.

Les demandes n'étaient point exagérées. Trois maréchaux-de-camp, lieutenans-généraux; six colonels, maréchaux-de-camp; les autres grades dans la proportion. Sept croix par régiment; deux de Saint-Louis, une d'officier de la Légion-d'Honneur, quatre de légionnaire.

Nous venons de donner l'investiture au bey de Tittery.

Le 19, M. Brasswitch, premier interprète, mourut presque subitement. C'était un homme d'esprit, fort versé dans les langues orientales; il avait, avec les mêmes attributions, fait toutes les campagnes d'Egypte; il les racontait très-bien, et prenait plaisir à nous répéter qu'on lui entretenait cinq chevaux et trois chameaux; que maintenant il allait à pied. Excellent homme, avec toute la vanité de la science, avec toute l'exagération de l'importance qu'il se croyait, et qui lui faisait dire souvent : « Je suis la troisième personne de l'armée. »

Quelques revues, des visites d'hôpitaux, les négociations avec les chefs des tribus et des provinces, ses dépêches, employaient le temps du général en chef, au point qu'il n'avait pas d'heure pour les repas; et pourtant, au travail dès six heures du matin, il n'était jamais couché avant minuit.

Le 22, M. de Bourmont reçut de M. le dauphin une lettre fort gracieuse, qui lui apprenait qu'il était élevé à la dignité de maréchal, et que l'amiral Duperré était nommé pair de France. Celui-ci ne dissimula pas son mécontentement. La marine se crut maltraitée dans la personne de son chef. Il est des occasions où la justice distributive ne doit se balancer que par les considérations politiques.

Le maréchal, projetant une course de deux ou trois jours à Bélida, ordonna qu'en son absence on évacuât le magasin à poudre de la citadelle; c'était une grande et risquable opération; il était environné du bivouac d'une foule de valets et de plus de quatre-vingts chevaux, et l'on comprend le danger de la moindre négligence. Beaucoup de barils furent défoncés, brisés, hors de service; il fallut tout réparer, tout refaire à neuf. Malgré toute l'activité de l'artillerie, on ne put enlever que soixante-dix à quatre-vingt milliers en trois jours. Notre surveillance prévint tout accident.

Le 22 au soir, Aimé de Bourmont partit pour Oran. Le bey commençait à se soumettre aux mêmes conditions que le bey de Tittery, et nous demandait l'investiture. Ce chef était dans la position la plus difficile : en guerre avec les Arabes qui l'environnaient, son pouvoir n'était plus reconnu que dans l'enceinte de la ville. Sept à huit mille habitans de tout sexe et de tout âge, effrayés par la crainte d'un siége, essayèrent de trouver un refuge dans les montagnes; mais ils furent massacrés avant d'y parvenir. Aimé arriva à Oran à bord du *Dragon*, que commandait le capitaine Leblanc, officier plein d'instruction et de mérite. Après avoir reçu le serment du bey et signé le traité convenu, Aimé de Bourmont lui conféra le caftan d'honneur, signe de l'installation, puis remonta à bord. Il avait promis au bey qu'on lui enverrait des troupes pour rétablir son autorité dans la province. En passant devant le fort de Mers-el-Kebir, il résolut de s'en emparer, pour assurer la position du corps que nous devions détacher à Oran. Il le proposa au capitaine du *Dragon*, homme de trop de résolution pour refuser ce coup de main. Il cingla vers le fort; et pendant qu'on mettait environ quatre-vingts marins dans toutes les embarcations du brick, Aimé de Bourmont se jeta dans le canot du capitaine avec M. Etienne, son premier lieutenant, et quelques matelots. Ces deux officiers et trois matelots entrèrent dans le fort, arrachèrent le pavillon mahométan, et le remplacèrent par le drapeau de France, maintenant, par leur fermeté et leur prudence, une centaine de Turcs. Ils finirent par leur dicter une capitulation qui leur livra la place; on y laissa les quatre-vingts marins. Les Turcs désarmés furent relégués pendant toute la nuit dans une partie du fort, où on les enferma; le lendemain, on les embarqua pour Oran, et *le Dragon* revint à Alger.

Le même jour, le maréchal partit pour Bélida. On voulait reconnaître la belle plaine de la Métidjah, les sources du Mazafran et de l'Aratsch, et la chaîne du Petit-Atlas. Depuis un temps immémorial, aucun Européen n'avait pénétré si avant.

Malgré quelques avis secrets que cette expédition ne serait pas sans danger, elle plaisait tellement au général Desprez, qu'il n'écoutait que les informations rassurantes; il parlait d'aller à Bélida avec un caporal et quatre hommes; il ne voulait pour escorte que deux compagnies d'infanterie légère et cinquante chevaux. Le duc d'Escars combattit vivement cette opinion, et il fut résolu qu'on emmènerait mille hommes d'infanterie, cent lanciers et quatre pièces de canon.

On avait estimé la distance à six lieues de

poste, et on reconnut qu'elle était de plus du double.

Les habitans accueillirent parfaitement le maréchal.

C'est un paradis terrestre que ce territoire; il est remarquable par ses eaux, ses plantations et la vigueur de sa végétation. La ville fut détruite en 1825 par un tremblement de terre; et les vastes cimetières qui entremêlent ses ruines, renferment les trois quarts de sa population d'alors.

Le lendemain 24, le maréchal fit une reconnaissance dans les montagnes du Petit-Atlas, puis revint à Bélida déjeuner, et disposer son retour à Alger. Il était encore à table lorsqu'il entendit des coups de fusil dans le jardin. Le maréchal envoya Trélan voir d'où ils partaient. De tous côtés on découvrait des Kabyles descendant en grand nombre des montagnes. On a su depuis que beaucoup, dès la veille, étaient cachés dans la ville. Trélan rentra faire son rapport, et fut renvoyé avec une demi-compagnie de voltigeurs pour balayer le jardin. Il n'eut pas fait vingt pas qu'il tomba; quatre voltigeurs le rapportèrent dans la maison. Le maréchal sortit avec un aide-de-camp pour examiner le lieu où ce malheureux jeune homme avait été blessé, et leur présence chassa les deux Kabyles qui s'étaient glissés inaperçus si près de la maison.

On visita la blessure de Trélan; elle ne laissait pas l'espoir qu'il pût vivre une demi-heure; on l'emporta, et il avait expiré avant la sortie de la ville.

Le maréchal monta à cheval, suivit une rue droite d'environ cent toises, entre deux haies, au milieu des coups de fusil que les Arabes tiraient des deux côtés; on eut un maréchal-des-logis de l'escorte tué, et plusieurs hommes blessés.

Entourés par les Kabyles, cette marche de sept heures et demie fut un combat continuel. Ce fut le premier où la cavalerie put agir, et elle prouva, par cinq ou six charges très-brillantes, que jusque-là les occasions seules lui avaient manqué. Le colonel Bontemps du Barry tua deux chefs arabes; le maréchal chargea l'épée à la main, à la tête de son escorte, pour dégager le général Desprez, qui s'était inconsidérément avancé, et qui allait être pris. Les chasseurs étaient transportés de la résolution du maréchal, qui jamais ne montra plus de ressources et de présence d'esprit que dans cette occasion.

M. Chapelié, officier d'état-major, avec deux compagnies détachées, sut se faire jour, à la baïonnette, au milieu d'une nuée d'Arabes dont il a tué soixante et blessé beaucoup. Les jeunes

Maillé et Poniatowski se distinguèrent beaucoup, et tuèrent ou blessèrent plusieurs Arabes.

Le prince de Schwarzenberg combattit pendant toute cette marche, à pied, avec les voltigeurs, faisant le coup de fusil comme eux, et les excitant par de bons propos et son exemple. Il conservera le souvenir de cette honorable journée, puisqu'il a reçu la croix de la Légion-d'Honneur, *pour la bravoure qu'il a montrée à l'armée d'Afrique.*

Le maréchal s'arrêta à quatre lieues d'Alger, où il rentra le 25, à neuf heures du matin. Notre perte fut de neuf tués et vingt-quatre blessés. Tel fut le résultat de cette expédition téméraire, brillante, inutile.

Le 24, M. de Bois-Lecomte, chef d'escadron de chasseurs, avait apporté le brevet du maréchal, et des dépêches de Paris du 16. Ce furent les dernières que nous reçûmes du gouvernement que nous avions laissé en France. M. de Bois-Lecomte s'arrêta quelques heures pour se reposer, pendant qu'on lui préparait un guide et une escorte. Il rejoignit le maréchal à quatre lieues d'Alger, au moment des derniers coups de fusil, et pendant qu'il ordonnait son bivouac. Trélan avait été tué un mois, jour pour jour, après la blessure d'Amédée de Bourmont. Tout entier au sentiment de cette double perte, le maréchal repoussa doucement les dépêches. « Gardez-les, dit-il; de-« main nous verrons si nous sommes moins mal-« heureux. » Il aurait donné volontiers tout ce qu'il venait de mériter, pour retrouver ce qu'il avait perdu.

Le 25, on détacha une escadre sous les ordres du contre-amiral Rosamel. Il débarqua à Tunis le comte Polydore de la Rochefoucauld, et se rendit sur le champ devant Tripoli. Il présenta au dey un traité qui abolissait l'esclavage des chrétiens, les tributs que payaient la plupart des puissances européennes, et interdisait à jamais la piraterie et les courses en mer. Il donna vingt-quatre heures pour prononcer une acceptation pure et simple, et commença les dispositions de l'attaque.

Le dey, effrayé par le sort d'Alger, intimidé par l'aspect menaçant de la flotte française, souscrivit à tout sans restriction. Peu de jours après, le bey de Tunis accepta un traité semblable, que M. de la Rochefoucauld avait remis au consul. Ainsi la grandeur de la France se montrait avec un nouvel éclat; elle venait d'affranchir le reste de l'Europe des tributs honteux qu'elle payait aux puissances barbaresques.

Le 27, on fit les obsèques de Trélan. Il fut

porté à un petit cimetière chrétien, où une colonne de marbre atteste le souvenir et les regrets de ses anciens camarades.

Quelques Arabes regardèrent notre retour de Bélida comme un succès des Kabyles. Enhardis, ils leur portaient des munitions; on en surprit plusieurs faisant ce commerce dangereux. Sur cinq prisonniers, trois furent absous et deux pendus à une des portes de la ville.

Il ne se passa rien d'important jusqu'au 9 août. Une dépêche télégraphique qu'on nous avait transmise, annonçait la dissolution de la nouvelle Chambre. Des bruits d'agitation en France, des nouvelles contradictoires que rien n'accréditait, nous tenaient depuis quelques jours dans une vive anxiété.

Le soir, un officier supérieur embarqué sur la corvette *l'Echo* quittait l'Afrique avec la mission de porter à la France les premiers trophées qu'elle ait conquis, depuis que de grands revers l'ont dépouillée des innombrables insignes qui attestaient son ancienne gloire.

Entre Alger et Mahon, on rencontra un brick de guerre portant la nouvelle de la plus inexplicable catastrophe! On voudrait oublier, on ne peut que se taire!...

Le seul reproche à faire au maréchal dans

cette campagne, serait peut-être d'avoir trop souvent cédé à une influence qui paralysait la fermeté de son caractère, et l'a empêché de faire quelques exemples. On voyait en lui un mélange d'impatience, et en même temps de volonté de soutenir une nécessité qu'il s'était imposée. Il lui échappait parfois de se plaindre de la surcharge de travail que lui causaient une indécision et une sorte de lenteur brouillonne, dont tout ce qui tenait à l'armée a éprouvé les effets. Un jour, plus mécontent de ces graves contrariétés, il l'exprimait en disant : « Il faudrait que je fusse tout « ici, jusqu'au caporal de pose. »

Un sentiment de justice nous oblige de dire combien le général Tholosé, sous chef d'état-major, fut utile dans cette campagne ; il prit souvent sur lui. Son activité, son zèle et sa bravoure le portaient partout, et l'ont fait autant remarquer que la franchise et la loyauté de son caractère.

Le commandant de *l'Echo* relâcha à Toulon. Le capitaine Graeb joint à l'instruction qui distingue les officiers de marine, les formes polies et les agrémens de l'homme du monde. Il annonça son arrivée au préfet maritime, qui avait ordre de le diriger sans délai sur Marseille.

On avait désigné ce lazaret pour la quarantaine de toutes les troupes de terre venant du

Levant. On semblait craindre leur réunion dans un de nos ports militaires les plus importans. Ce ne fut qu'après sept jours de vents contraires que *l'Echo* parvint à mouiller devant le château d'If.

Aimé de Bourmont était cependant descendu au lazaret de Toulon. Il y trouva les restes de son frère Amédée. On devait les conduire à Nantes, et de là à Bourmont, pour être déposés dans la chapelle de la famille; mais il fallut les transporter à Marseille, où l'on a plus facilement des navires pour la Bretagne.

C'est avec le sentiment le plus douloureux qu'on rappelle ici la violation impie du cercueil d'un brave officier mort pour son pays. *L'Avenir*, dans son n° du 8 mars 1831, a rendu un jugement noble et sévère sur cet abominable exemple des fureurs de parti.

Ici s'arrêtent ces courts et glorieux souvenirs. On a retracé tous nos rapports avec l'Afrique, depuis l'origine des négociations, qui pendant trente ans furent de notre part un acte de continuelle faiblesse. On a raconté avec fidélité, exactitude et indépendance ce qu'on avait vu, pensé et ressenti.

La postérité jugera cette page de notre histoire, que la muse de parti croit avoir déchirée : ce qui faisait dire à un officier revenant d'Afrique, par un personnage marquant dans la dernière révolution : « Je regrette que vous soyez allé là. » — « C'est donc un crime ? » — « Non, c'est un malheur! »

Un homme a dirigé comme ministre, exécuté comme général, une expédition que des désastres antérieurs et l'opinion de la plupart des contemporains faisaient regarder comme une tentative fabuleuse. Cet homme et son armée ont été traités comme les célébrités des républiques anciennes et modernes. L'ingratitude, l'exil, souvent même la proscription et la mort étaient le prix de leur gloires et des triomphes de la patrie; mais leurs noms vivent encore dans les cœurs généreux. Un jour l'armée d'Afrique recouvrera la palme qu'on voulut en vain lui ravir. Le Rhône, d'abord torrent impétueux, disparaît et s'abîme; plus loin on le retrouve fleuve majestueux!

FIN.

Pièces officielles.

Mai 1830.

Dès les premiers jours d'avril on commence à embarquer à Toulon le matériel d'artillerie sur les bateaux de ce port, à mesure qu'ils sont mis en rade.

Vers le 22, tous les bateaux des ports de Brest et autres sont arrivés à Toulon ; ils ont tous besoin de travaux plus ou moins grands pour achever leur installation.

L'amiral Duperré, rendu à Toulon dans le courant de mars, s'occupe avec une activité extrême de tout ce qui a rapport à l'organisation de l'armée navale qu'il va commander ; il est secondé avec ardeur par ceux qui l'entourent. Le brave Hugon est chargé de tout ce qui tient à l'organisation des convois.

Le Blanc, envoyé à Marseille avec *le Dragon*, qu'il commande, est chargé d'expédier successivement et au fur et à mesure qu'ils seront prêts, de ce port sur Toulon, les transports marchands qui y ont été nolisés ou envoyés d'autres ports et de l'étranger pour s'y installer en écuries ou autrement. A la fin d'avril, presque tous sont rendus à Toulon.

Le 11, le général Desprez arrive; tout son état-major est déjà présent, ainsi que les généraux commandant l'artillerie et le génie.

Le 27, le général en chef fait son entrée à Toulon.

Le 3 mai, le dauphin arrive dans le port. Différens exercices d'embarquement et de débarquement sont faits devant lui; il repart le 5.

Le 11, commence l'embarquement des troupes qui arrivent successivement de leurs cantonnemens; les trois divisions étaient échelonnées sur la route de Toulon à Marseille et Aix.

Le 16 et le 17, les chevaux sont embarqués.

Le 18, le général en chef, l'amiral et tous les états-majors se rendent à bord.

Les 19 et 20 sont employés à la transmission de divers ordres aux convois, et à donner des instructions aux commandans des bâtimens du roi, pour la formation des colonnes à la mer, et surtout pour les détails immenses relatifs au débarquement de l'armée.

Le 19, un convoi de bateaux-bœufs, chargés de vivres, appareille pour aller à Palma, où il attendra l'armée.

Les 21, 22, 23 et 24, des vents frais d'est empêchent l'armée d'appareiller. Permission est donnée de communiquer avec la terre; le général en chef et l'amiral ne quittent plus leur bord, *la Provence*.

Le 25, au matin, même temps. De huit à dix heures, du calme, auquel succède un petit souffle de nord-ouest, qui fraîchit assez promptement. Aussitôt, entre midi et une heure, les ordres sont donnés pour l'appareillage. Le convoi de transports marchands ayant des troupes à bord, doit sortir le premier sous les ordres du commandant Hugon. Les premiers bâtimens sont tous voilés à deux heures.

Ensuite les bâtimens de guerre mettent successivement sous voile. L'amiral s'ébranle à cinq heures; la flotte a bientôt doublé le cap Sépet, et avant la nuit l'ordre de marche est établi sur six colonnes, sous très-petite voilure, par un vent assez frais de nord-ouest, forte houle.

26 Mai. Rien de nouveau. Les colonnes de l'armée marchent en bon ordre sous très-petite voilure, ne faisant guère que trois milles à l'heure.

27 Mai. Le temps est superbe. Un bateau à vapeur ayant fait des avaries, reçoit l'ordre d'aller les réparer à Toulon. Vers le soir, cinq heures, le brick *l'Alerte* est détaché en avant pour *chasser la terre.*

28 Mai. La brise a beaucoup fraîchi pendant la nuit. La mer devient forte et houleuse. A six heures du matin, le brick *le Dragon* reçoit l'ordre de se porter en avant et de faire rallier à Palma tous les navires qu'il rencontrera. A dix heures, il distingue les îles Baléares; à deux heures, il découvre le convoi des chevaux, parti de Toulon un jour après l'armée; à quatre heures, il transmet les ordres de l'amiral au brick *la Comète* (escorte de convoi).

L'armée a dû reconnaître les îles Baléares le même jour. *Le Dragon* reste en croisière entre Minorque et Majorque pour l'attendre.

29 Mai. Un bateau à vapeur prévient *le Dragon* que l'amiral fait route vers le cap Caxines. Aussitôt le brick met le cap sur ce point.

30 Mai. Dès le jour, *le Dragon* donne dans la division qui bloque Alger et hors de vue de la côte; il fait des si-

gnaux avec *la Syrène*, puis il reprend le large avec cette frégate pour aller au-devant de l'armée, que nous ne rencontrons point. *La Syrène* reprend la bordée de terre; nous imitons son mouvement.

A bord de *la Provence*, 29 mai 1830.

Il a été rendu compte des dispositions qui ont été prises pour l'embarquement du personnel et du matériel de l'armée d'expédition. Le 17, l'opération était complètement terminée; les états-majors des armées de terre et de mer se trouvaient à bord le 18. La flotte de débarquement sortit le même jour de la rade de Toulon. Des ordres avaient été donnés pour qu'elle fît voile vers les îles Baléares et se ralliât dans la baie de Palma. Elle était composée de cent vingt-quatre petits bâtimens de différentes espèces. On n'attendait plus qu'un vent favorable pour faire appareiller les trois escadres et la première division du convoi. Le 19, des brises solaires furent les seules qui se firent sentir; le soir, elles soufflaient du nord-ouest, mais trop faiblement pour que l'on pût mettre hors de la rade la flotte nombreuse qui s'y trouvait réunie. Le 22, un vent de sud-est se déclara, et pendant les deux jours suivans il régna sans interruption; sa force et sa direction étaient des obstacles encore plus difficiles à vaincre que le calme des jours précédens. Le 25, au matin, un changement se manifesta dans l'état de l'atmosphère; le vent prit rapidement une nouvelle direction, et à onze heures il soufflait du nord-ouest au sud-ouest. Peu à peu il fraîchit, et à une heure l'ordre de mettre à la voile fut donné à la 1re division du convoi. Elle était composée de cinquante bâtimens de commerce qui portaient trois bataillons d'infanterie, deux cents chevaux et la partie du matériel dont on avait jugé que le besoin se ferait sentir le plus vivement aussitôt après le débarquement. Le départ de cette division causa dans l'armée une vive allégresse. Le reste du convoi, formant deux autres divisions, ne devait partir que vingt-quatre et quarante-huit heures après.

A trois heures, les escadres appareillèrent, et deux heures après tous les bâtimens du roi étaient au large. Pendant la nuit suivante, la nécessité de se rallier et de mettre de l'ordre dans les différentes parties de l'armée navale rendit sa marche extrêmement lente. Le 26, au matin, les bâtimens des trois escadres se trouvaient dans les positions respectives qui leur avaient été assignées. *La Provence*, qui est le vaisseau amiral, marchait en tête de l'escadre de bataille; à droite de cette escadre s'avançaient, sur deux colonnes parallèles, les escadres de débarquement et de réréserve. Le convoi faisait voile à gauche de l'escadre de bataille. Le vent continuait de souffler du nord-ouest. Le 26, au lever du soleil, on signala vers l'est deux frégates qui venaient du sud; l'une portait le pavillon français, l'autre le pavillon turc. On leur fit des signaux, et bientôt elles manœuvrèrent pour se rapprocher de la flotte. Un bâtiment à vapeur fut envoyé au-devant d'elles pour leur prescrire de rallier et pour prendre les dépêches dont on supposait que le commandant du bâtiment français était porteur. Cet officier vint à bord de *la Provence*. M. l'amiral Duperré apprit de lui que la frégate *la duchesse de Berri* avait quitté le 21 la station devant Alger, et que la frégate turque avait à bord Tahir-Pacha. Ce chef musulman avait reçu du grand-seigneur l'ordre de se rendre à Alger pour décider le bey à demander la paix. Le blocus ne lui ayant pas permis de pénétrer dans la place, il avait manifesté le désir de faire voile vers Toulon, dans l'espoir de faire accepter sa médiation au gouvernement français. *La Duchesse-de-Berri* lui servait d'escorte. Un officier de la marine française fut envoyé à bord de Tahir-Pacha pour le saluer au nom de l'amiral et l'inviter à se rendre sur *la Provence*. Il accepta sans hésiter; et après être resté près d'une demi-heure au milieu des troupes françaises, il retourna sur sa frégate et fit voile vers Toulon. La mer devint grosse dans la matinée du 28. Le lendemain le vent soufflait du nord; la marche fut plus rapide que les jours précédens. A l'approche de la nuit, l'armée navale était à quarante-sept lieues marines de Toulon. La brise, qui avait été faible pendant la première partie du jour, fraîchit après le coucher du soleil. La direction était nord-ouest; le 28, à la pointe du jour, on craignait un coup de vent. Le convoi, dont les bâtimens avaient jusqu'alors marché réunis, occupait un espace considérable. L'ordre fut envoyé au capitaine de vaisseau Hugon, qui le commande, de se diriger vers la baie de Palma, d'y mouiller et d'attendre qu'on lui prescrivît de continuer sa route. Des instructions semblables furent adressées aux commandans des deux divisions des bâtimens de transport qui étaient partis le 26. Le 27, on manœuvra de manière que l'armée navale se trouvât le plus tôt possible sous le vent de Minorque. Alors la brise devint moins forte, la mer plus calme. L'amiral révoqua l'ordre qu'il avait donné au capitaine Hugon, et le convoi suivit les trois escadres. Le 28, au soir, le ciel s'éclaircit, le vent faiblit de plus en plus, et pendant la nuit on fit peu de chemin.

Le 29 mai, on signala le brick *le Rusé* venant du sud. A onze heures du matin, l'officier qui le commandait monta sur l'amiral; il avait quitté la station le 26 mai. A cette époque aucun préparatif de défense ne paraissait avoir été fait sur la côte. Le commandant du brick donna des détails sur la perte des deux bricks français *le Sylène* et *l'Aventure*, dont la première nouvelle avait été apportée par la frégate qui escortait Tahir-Pacha. La force totale de ces bâtimens était de deux cent vingt hommes; tous parvinrent à gagner la terre : leur projet était de se porter vers Alger et de s'y constituer prisonniers; mais à peine étaient-ils en marche, que des bandes d'Arabes les assaillirent. Regardant leur position comme désespérée, ils déposèrent leurs armes, et furent répartis dans plusieurs villages peu éloignés de la côte. Le bey ayant été informé de cet évènement, avait envoyé un détachement de la milice vers le point où il avait eu lieu. Quatre-vingt-seize marins furent remis aux Turcs; le reste avait été massacré, et déjà cent dix têtes étaient exposées sur les murs de la Casauba, lorsque les prisonniers y arrivèrent. Les deux commandans avaient échappé au massacre. Le bey les fit traiter avec plus d'égards qu'ils ne s'y attendaient : chacun d'eux rédigea un rapport et le fit transmettre par le consul sarde au commandant de la station. Ce fut pendant une brume épaisse et par suite d'une méprise que les deux bâtimens échouèrent.

Dans l'après-midi du 29, le vent passa du nord-ouest à l'est-nord-est; le temps fut constamment beau pendant toute la journée; la température était plus élevée que les jours précédens; la brise, d'abord très-faible, devint assez fraîche pour que la vîtesse moyenne fût de quatre nœuds. À dix heures du matin, un brick de guerre se dirigea vers la baie de Palma pour porter à la flottille de débarquement l'ordre de faire voile vers Alger.

Le vent devint assez frais pendant la nuit du 29 au 30 mai. Quoiqu'on eût peu de voile, la vîtesse moyenne fut de quatre nœuds environ. Le 30, à six heures du matin, *la Provence* n'était qu'à soixante-cinq milles de la côte d'Afrique; à midi la terre fut signalée. Si la brise avait augmentée, en continuant de faire route au sud, nous serions arrivés pendant la nuit au point du débarquement. L'amiral donna ordre de gouverner à l'ouest. *La Provence* suivit cette direction depuis midi jusqu'à deux heures; elle fit voile ensuite vers le nord, et après une contre-marche de trois heures on mit le cap vers Alger. A neuf heures du soir, le bâtiment qu'on avait envoyé à la baie de Palma apporta la nouvelle que le 29 la flottille avait fait voile vers la côte d'Afrique. On communiqua en même temps avec *la Syrène*, qui avait quitté la station pour venir reconnaître la flotte.

Le 31 mai, à la pointe du jour, on aperçut le cap Caxines : la brise était fraîche et soufflait de l'est. Le temps était brumeux. L'amiral n'ayant point encore rallié la flottille de débarquement, fit virer de bord; un brick se dirigea vers la côte d'Afrique pour chercher des nouvelles de la flottille. A midi, le vent devint plus fort; on continua de gouverner vers le nord. A la chute du jour nous étions à vingt lieues de la côte. Pendant la nuit le vent souffle sans interruption avec la même force. La direction était sud sud-est.

Le 1er juin, à six heures du matin, on était aussi près de Majorque que de la côte d'Afrique. L'amiral prit la résolution de continuer son mouvement rétrograde, d'aller mouiller dans la baie de Palma, d'y rallier les escadres et les bâtimens du convoi, et d'attendre un moment favorable pour se rapprocher d'Alger. A six heures du matin, *la Provence* se trouvait à l'entrée de la baie de Palma; l'emplacement était favorable pour mouiller; mais plus tard il aurait fallu trois ou quatre heures pour lever l'ancre : on resta sous voile. Tous les bâtimens des trois escadres sont réunis ; on a rallié un grand nombre de ceux du convoi ; on craint que le vent d'hier ait dispersé en partie la flottille ou ne l'ait forcée d'entrer dans le port de Carthagène. Des bâtimens sont partis dans différentes directions pour lui porter l'ordre de faire voile vers Palma. On attendra, pour reprendre la route d'Alger, que le temps soit devenu moins incertain.

4 Juin. Il faut ajouter que l'armée navale, après avoir découvert le cap Caxines, le 31 au matin, s'en était éloignée, et avait atteint le 1er juin, au soir, la baie de Palma. L'agitation toujours croissante de la mer avait fait supposer à l'amiral Duperré que le débarquement était impraticable. Les rapports que l'on reçut ultérieurement prouvèrent que son opinion était fondée. D'un autre côté, la crainte de s'être montré à l'ennemi l'avait empêché de s'approcher de la côte à plus de vingt-cinq milles. Sous ce rapport, son but ne put être atteint : les bâtimens envoyés à la recherche de la flottille ne la rencontrèrent pas, et le 1er juin, à six heures du soir, elle était en vue d'Alger. Ainsi l'ennemi ne peut plus avoir de doute sur le départ de l'armée d'expédition ; mais l'aspect d'une force aussi peu imposante doit lui avoir inspiré moins de crainte que de confiance.

Lorsque les bâtimens des trois escadres arrivèrent dans la baie de Palma, les bâtimens réunis des deuxième et troisième divisions du convoi y étaient déjà mouillés. On mit à profit cette circonstance pour remplacer la partie consommée de l'approvisionnement d'un mois de fourrages.

Le 2 au soir, on fit demander aux bâtimens des trois escadres quel était le nombre des malades qu'ils avaient à bord. Sur trente mille marins ou soldats de l'armée de terre, on compte à peine quatre-vingts malades. Il y en aurait proportionnellement davantage dans la meilleure garnison.

Pendant la nuit du 2 au 3 juin la mer fut calme; les marins l'attribuèrent à la proximité de terre; ils persistèrent dans l'opinion qu'au large, et surtout à la côte d'Afrique, la mer devait être fortement agitée. Le vent soufflait de l'est-nord-est; le ciel était toujours brumeux. Dans la matinée du 3, il survint une pluie assez abondante; la brise alors changea complètement de direction; l'atmosphère s'éclaircit, et on espéra une période de beaux jours. La 1re division du convoi, que le vent avait poussée à quelques milles à l'ouest de la baie, vint y mouiller dans la soirée du 3.

Il y eut calme presque parfait pendant la nuit du 3 au 4; au matin, le vent, dont la direction était nord-est, aurait, quoique faible, permis de faire voile vers Alger; mais l'amiral avait pris le parti d'attendre la flottille, que l'on supposait en route pour la baie de Palma. Il craignit de ne pas la rencontrer en allant au-devant d'elle. Les équipages des bateaux-bœufs n'étaient d'ailleurs approvisionnés que jusqu'au 10 juin. On avait le projet de leur donner des vivres aussitôt après leur arrivée dans la baie de Palma. Si la flottille ralliait aujourd'hui, 4 juin, et que les vents ne fussent pas contraires, l'armée navale pourrait dès demain se rapprocher d'Alger.

6 Juin. On regardait comme très-prochaine l'arrivée de la flottille. Le 4, au matin, les soixante bâtimens qu'on avait ralliés ne se trouvaient qu'à vingt-cinq lieues marines de Palma. Il paraît que depuis lors le calme les a retenus au large. Ce retard est d'autant plus affligeant, que toutes les conditions sont réunies pour que le débarquement s'opère avec facilité.

L'état sanitaire des troupes est toujours satisfaisant. On avait craint que, sur le convoi, le nombre des malades ne fût proportionnellement plus considérable que sur les bâtimens du roi; il n'y a point de différence sensible. On n'a compté que vingt-cinq malades sur les deux mille cinq cents hommes que portent les bâtimens de commerce; ils ont été conduits à l'hôpital de Mahon. Cet établissement s'est promptement organisé; déjà il peut recevoir sept à huit cents malades. Une dépense de 18,000 fr. suffirait pour qu'on en portât le nombre à deux mille. Elle serait plus que compensée par l'importance du résultat obtenu. Le sous-intendant qui se trouve à Mahon a reçu l'ordre de faire commencer les travaux. Les autorités espagnoles ont montré constamment des dispositions favorables.

Des cinq cents bœufs qui devaient être mis à terre, les premiers sont arrivés de la baie de Palma : on n'en a point perdu dans le trajet; mais notre séjour ici élève bien au-delà des prévisions la quantité de fourrages qu'ils auront consommée avant le débarquement. Sous ce rapport, on doit s'applaudir de la précaution qui a été prise de diriger un approvisionnement en foin vers la baie de Palma.

7 Juin. La presque totalité de la flottille de débarquement a été signalée dans l'après-midi du 6 juin. Peu d'instans après, le temps devint orageux, et une pluie abondante tomba pendant deux heures presque sans interruption. Jusqu'alors les grains avaient été fréquens, mais ils n'avaient produit que des pluies légères et de courte durée. Poussés par une brise de sud-est, les bâtimens de la flottille, dont le calme avait presque arrêté la marche, s'approchaient rapidement de la baie de Palma. A trois heures, ils y étaient réunis au nombre de..... Plusieurs avaient

été avariés; quelques autres n'avaient point encore rallié.

A quatre heures, deux bâtimens du roi, venant du sud, communiquèrent avec le vaisseau amiral. L'un d'eux, *la Badine*, appartient à la station devant Alger; l'autre, *la Bayonnaise*, avait quitté Tunis le 2 juin. Depuis cette époque, le temps avait été constamment beau sur la côte d'Afrique. Peut-être est-il à regretter que l'armée navale, au lieu de faire un mouvement rétrograde, n'ait pas attendu sous voile que le retour du calme rendît le débarquement possible.

La Bayonnaise avait à son bord M. Gérardin, qui était parti de Toulon le 15 avril, chargé d'une mission pour Tunis. Les dispositions du bey de cette régence sont toujours favorables; mais la crainte d'une rupture avec le dey d'Alger l'empêche de les manifester. Il n'autorise des achats de bestiaux que sous les conditions que la destination restera secrète. Le prix de la viande est peu élevé à Tunis. Il n'en est pas de même de celui des grains; mais l'abondance de la nouvelle récolte fait espérer une baisse rapide.

L'agent de la compagnie Sellières, qui était parti de Toulon avec M. Raimbert, doit rester à Tunis. Ce dernier est allé seul à Tabarque, où se trouve déjà le fils du consul général. Ils doivent agir de concert pour préparer des achats de subsistances, et pour suivre les négociations qui ont été entamées avec les Mazoules et d'autres peuplades. Il y a lieu d'espérer que les premiers succès décideront une partie de ces peuplades pour nous; mais elles éviteront de le faire tant que le dey ne sera que menacé.

Le bey de Constantine est parti de cette ville le 22 mai. On assure qu'un corps de treize mille hommes, presque entièrement composé de cavalerie, marche sous ses ordres. Il devait arriver à Alger le 5 ou le 6 juin. Le contingent du bey d'Oran était attendu à peu près à la même époque : on annonce que sa force est de trente mille hommes. Cette évaluation paraît exagérée.

L'un des officiers de marine prisonniers à Alger, a, par l'entremise du consul sarde, adressé un rapport intéressant au commandant de la station. Ce rapport a été remis à l'amiral Duperré par le commandant de *la Badine*. Il continue les renseignemens que l'on avait déjà sur la faiblesse des moyens de défense d'Alger, du côté de la terre. Il paraît certain qu'aucun nouvel ouvrage n'a été construit, et que le fort de l'Empereur ne pourrait opposer qu'une courte résistance. Toute la grosse artillerie en a été retirée. Le dey suppose que Sidi-Ferruch sera le point de débarquement. Douze mille Arabes sont campés à peu de distance de la presque île; quatre mille autres sont établis sur le plateau qui domine le fort de l'Empereur. Il y a un troisième camp, moins considérable, sur les rives de l'Aratch. On compte deux mille Turcs à Alger; ils paraissent destinés exclusivement à la défense de la place.

Il y a de la fermentation et de l'inquiétude parmi les habitans et les soldats de la garnison. La découverte d'un complot a donné lieu à plusieurs exécutions.

Le dey continue de bien traiter nos prisonniers. Les officiers ont été autorisés à sortir de leur logement. Le consul de Sardaigne les a reçus plusieurs fois dans sa maison de campagne. Il a pourvu avec beaucoup d'empressement à leurs premiers besoins.

Aussitôt après l'arrivée à Palma des bâtimens de la flottille, des dispositions ont été prises pour qu'ils fussent promptement réparés; ils le seront aujourd'hui. M. l'amiral vient de me donner l'assurance que demain, à la pointe du jour, l'armée ferait route vers Alger.

Baie de Palma, 10 juin.

Le départ de la flotte a encore été différé de vingt-quatre heures. Le calme presque absolu qui a régné hier pendant une partie de la journée, et des dispositions à prendre pour l'approvisionnement de quelques bateaux de la flottille, ont été la cause d'un nouveau retard.

Les escadres, la flottille et la première division du convoi ont appareillé et sont en marche ; les autres divisions du convoi ne partiront que demain et les jours suivans. Sous tous les rapports, l'inaction de l'armée navale a eu de graves inconvéniens. Malgré la défense qui avait été faite de communiquer avec la terre, des soldats embarqués sur des bâtimens de commerce sont allés à Palma et s'y sont enivrés; des désordres s'en sont suivis, etc.

Il y a toujours peu de malades dans l'armée : on en compte à peine un sur cinq cents hommes; les chevaux même paraissent avoir peu souffert.

NOTE SUR LE DÉBARQUEMENT.

L'amiral Duperré a modifié les dispositions qu'il avait prises pour l'embarquement et le débarquement de l'armée d'expédition.

Les forces navales sont maintenant divisées en quatre parties, et désignées sous les noms d'*Escadre de bataille*, *Escadre de débarquement*, *Escadre de réserve* et *Convoi*.

Les trois escadres sont composées de bâtimens du roi. Le convoi ne comprend que les bâtimens de commerce. Il sera escorté par douze bâtimens légers qui n'appartiennent à aucune des escadres. Les bâtimens de *l'escadre de bataille* sont :

Nos 21.	*La Provence*,	contenant	150 hommes.
30.	*La Pallas*,		700
8.	*L'Iphigénie*,		650
1:	*Le Breslaw*,		500
21.	*La Surveillante*,		650
12.	*La Didon*.		650
6.	*Le Trident*,		550
16.	*La Guerrière*,		700
26.	*La Melpomène*,		700
17.	*L'Amphitrite*,		700
27.	*L'Herminie*,		700
25.	*La Belle-Gabrielle*,		700
32.	*La Vénus*,		500
40.	*La Magicienne*,		400
38.	*La Médée*,		400
18.	*La Proserpine*,		400
39.	*L'Aréthuse*,		400
49.	*L'Alerte*,		100
34.	*La Cornélie*,		100
47.	*L'Orithie*,		100
	La Victorieuse,		200
			9,950 hom.

Armés en guerre, ils sont destinés à protéger par leurs feux les troupes de débarquement, à ruiner les batteries que l'ennemi pourrait avoir élevées sur la plage. Cette destination pouvant ôter à l'escadre de bataille une partie de l'indépendance de ses mouvemens, l'amiral a pensé qu'elle ne devait pas porter la 1re division d'infanterie, qui est appelée à débarquer la 1re; il a été décidé que cette escadre recevrait la 2e division et le quartier-général.

C'est sur l'escadre dite *de débarquement* que sera embarquée la 1re division, avec 1,000 canonniers ou sapeurs, et toute l'artillerie de campagne.

Les bâtimens dont se compose cette escadre sont :

Nos 14.	*Le Superbe*, contenant	1,050 hommes.
7.	*Le Duquesne*,	1,150
10.	*L'Algésiras*,	1,150
36.	*L'Arthémise*,	500
3.	*La Ville de Marseille*,	1,050
35.	*La Marie-Thérèse*,	500
13.	*Le Marengo*,	1,050
20.	*La Jeanne-d'Arc*,	500
11.	*Le Nestor*,	1,050
4.	*Le Scipion*,	1,075
15.	*La Couronne*,	1,050
		10,125 hom.

Les bâtimens de guerre de petite dimension formeront l'escadre de réserve; ils auront à leur bord les deux premières brigades de la 3e division d'infanterie.

Tout le matériel de l'artillerie de siége et une partie de celui du génie seront embarqués sur les trois escadres.

Les bâtimens de l'escadre de réserve sont :

Nos 29.	*La Thémis*, contenant	400 hommes.
19.	*La Thétis*,	400
24.	*La Cybèle*,	400
50.	*La Bonite*,	460

	Ci-contre :	1660
52.	*Le Lybio,*	400
54.	*L'Adour,*	450
56.	*Le Rhône,*	450
57.	*Le Tarn,*	450
59.	*La Dordogne,*	450
	La Caravane,	450
	La Créole,	100
	L'Actéon,	100
60.	*Le d'Assas,*	100
64.	*Le Ducouëdic,*	100
	Le Dragon,	100
67.	*L'Endymion,*	100
69.	*L'Euryale,*	75
55.	*Le Rusé,*	75
90.	*Le Robuste,*	300
89.	*La Vigogne,*	300
92.	*Le Chameau,*	150
93.	*La Bayonnaise,*	300
98.	*L'Astrolabe,*	75
75.	*La Lamproie,*	75
91.	*La Truite,*	75
	La Garonne,	75
78.	*Le Vésuve,*	100
79.	*L'Hécla,*	100
94.	*Le Finistère,*	100
95.	*La Dore,*	100
80.	*Le Volcan,*	100
82.	*Le Vulcain,*	100
81.	*Le Cyclope,*	100
83.	*L'Achéron,*	100
		7,210 hom.

Le convoi se compose de tous les bâtimens de commerce nolisés par le gouvernement; trente de ces bâtimens sont affectés à la 3e brigade de la 3e division, et à mille hommes environ de troupes d'artillerie et du génie; les trente bâtimens de transport, première série, sont:

Nos 1.	*Les Cinq-Frères*,	contenant 400 hommes.
2.	*Victor et Félicie*,	250
3.	*Les Bons-Amis*,	150
4.	*Le Saint-Jean-Baptiste*,	100
5.	*Le Syrien*,	100
6.	*Le Hardy*,	125
7.	*La Jeune-Élise*,	125
8.	*Le Saint-Tropez*,	100
9.	*La Julia*,	100
10.	*L'Émilie*,	125
11.	*Le Saint-Tropez*,	113
12.	*L'Hippolyte*,	150
13.	*Le Neptune*,	150
14.	*L'Honorine*,	150
15.	*Le Jean-Pierre*,	100
16.	*L'Heureux-Retour*,	100
18.	*La Fortune*,	150
19.	*L'Anaïs*,	100
20.	*Le Blondin*,	150
21.	*La Virginie*,	100
22.	*L'Adisione*,	150
23.	*Il Fido*,	250
24.	*La Bonne-Mère*,	125
25.	*L'Horizonte*,	250
26.	*La Notre-Dame-de-Lorette*,	150
27.	*Le Terribile*,	150

28.	*La Catharina,*	150
29.	*Le Mithridate,*	225
30.	*Saint-Michel-Saint-Antoine,*	112
32.	*L'Occidente,*	200
		4,600 hom.

Deux cent soixante-huit bâtimens de transport sont destinés à porter quatre mille chevaux, cinq cents ouvriers d'administration; le reste transportera tout le matériel de l'administration et presque tout le matériel du génie. Le convoi se trouve ainsi divisé en trois sections; dans chaque section les bâtimens ont une série particulière de numéros et des guidons de couleurs distinctives.

L'ensemble des bâtimens du roi et des bâtimens de commerce qui doivent transporter sur le rivage les troupes et le matériel se nomme *Escadrille de débarquement*. Cette escadrille se compose de soixante bateaux-bœufs, de quarante bateaux dits *de l'Ile*, de cinquante-deux chalands, de quarante grandes chaloupes, de trente-cinq petites chaloupes, et de sept bateaux à vapeur. Les bateaux-bœufs, les bateaux à vapeur tirent environ quatre pieds d'eau; deux pieds suffisent pour les autres embarcations de l'escadrille.

Ces divers bâtimens peuvent recevoir, savoir:

Les bateaux-bœufs,	150 hommes.
Idem de l'Ile,	130
Les chalands,	150
Les grandes chaloupes,	120
Les petites chaloupes,	40
Les bateaux à vapeur,	300

On pourrait donc placer sur l'escadre de débarquement :

Bateaux-bœufs,	9,000 hommes.
Idem de l'Ile,	5,200
Chalands,	7,800
Grandes chaloupes,	4,800
Petites chaloupes,	1,400
Bateaux à vapeur,	2,100
	30,300 hom.

Des épreuves dans le port de Toulon ont prouvé que cette évaluation n'était pas exagérée.

Plusieurs chalands sont disposés pour l'artillerie de campagne. La même embarcation portera deux pièces avec leur avant-train et un corps de caisson avec les deux coffres. Chacune de ces pièces sera donc approvisionnée de soixante-quatre coups; l'une des pièces pourra tirer; on lui a réservé l'espace nécessaire pour le recul. Les roues de cette pièce sont disposées sur des raînures. Pour le débarquement de la deuxième pièce, des deux avant-trains et des corps de caisson, l'opération se fait avec une grande promptitude. Il sera important d'y exercer les canonniers des batteries de campagne, aussitôt après l'arrivée de ces batteries à Toulon.

On destine quelques chalands au débarquement de l'artillerie de siége. Dix pièces au moins de cette artillerie pourront être placées sur un seul chaland. Un bourrelet en bois doit servir à rendre le décimètre de la volée égal à celui de la culasse; cette disposition permet de faire rouler la bouche à feu sur deux pièces de bois établies parallèlement à l'axe de l'embarcation.

Quatre chalands porteront chacun seize chevaux ; d'autres des outils du génie et des chevaux de frise.

Les bateaux-bœufs seront chargés d'un approvisionnement de dix jours pour toute l'armée. Les bâtimens qui naviguent difficilement seront remorqués pendant la traversée.

Lorsque l'armée sera en vue de la côte d'Afrique, on ralljera tous les bâtimens de l'escadre de guerre et les trente bâtimens de commerce destinés à porter deux mille six cents hommes de troupes.

L'escadre de bataille s'approchera du rivage autant que le permettra le gisement de la côte, balaiera la plage, si l'ennemi s'y présente, et écrasera les batteries dont le feu serait incommode pour les troupes de débarquement, les embarcations de l'escadrille des bâtimens, soit des escadres, soit du convoi, auxquels elles auront été affectées. Au signal donné par le vaisseau amiral, les troupes de la 1re et de la 3e division quitteront les bâtimens sur lesquels elles auront fait la traversée, pour passer dans les embarcations ; on placera sur des chalands leurs pièces de campagne ; soixante-quatre chevaux forment leurs attelages avec un approvisionnement de soixante-quatre coups pour chaque pièce ; les six obusiers de montagne et le matériel du génie qui sera jugé nécessaire pour la construction des premiers retranchemens.

L'escadrille ayant reçu son chargement en hommes et en matériel s'avancera vers la côte. Lorsque la profondeur de l'eau n'excédera pas quatre pieds et demi, les bateaux-bœufs arrêteront leur mouvement. Les autres continueront de s'avancer jusqu'à ce qu'ils cessent d'avoir sous leur quille plus de deux pieds d'eau. C'est alors que les hommes sortiront de leurs embarcations, et que l'on dirigera vers la terre les chevaux et l'artillerie. Aussitôt après cette opération, on fera rétrograder une partie des embarcations à l'aide d'amarres fixées aux bateaux-bœufs. On embarquera en même temps l'approvisionnement de dix jours de subsistance, que les bateaux-bœufs auront servi à transporter.

Cent quarante chevaux seront mis à terre; un état particulier fera connaître de quelle manière ils seront répartis, ainsi que les soixante-quatre qui auront été débarqués d'abord. Si, comme il y a lieu de le présumer, l'ennemi ne cherche point à opposer une résistance sérieuse, et que quelques bordées suffisent pour faire abandonner les batteries élevées sur le point de débarquement, le débarquement de la deuxième division précédera celui de la troisième.

INSTRUCTION
AUX LIEUTENANS-GÉNÉRAUX COMMANDANT LES TROIS DIVISIONS POUR LE DÉBARQUEMENT.

Avant le débarquement, l'ordre doit être donné aux soldats de ne charger leurs armes qu'arrivés à terre; on pourrait craindre, s'ils les chargeaient plus tôt, qu'ils n'en fissent usage sur les embarcations, ce qui produirait du désordre, et peut-être de la confusion. Un ordre semblable fut donné aux troupes en Egypte; il fut observé rigoureusement.

Au moment où devra s'opérer le débarquement, les trois escadres seront disposées sur deux lignes : la première ligne sera formée de l'escadre de débarquement et de l'escadre de bataille, la deuxième de la réserve. Si l'on débarque à l'ouest de Sidi-Ferruch, l'escadre de débarquement aura la droite de la première ligne. Ainsi, la 1re et la 2e division d'infanterie seront, l'une par rapport à l'autre, dans la position que leur assignent leurs numéros. Dans le cas, au contraire, où le débarquement s'opérerait à l'est de la presqu'île, l'escadre de bataille se trouverait à droite. Cela tient à ce qu'elle est presque entièrement composée de vaisseaux armés en guerre, et dont il pourra être nécessaire d'opposer le feu à celui des batteries des côtes. Dans cette hypothèse, l'ordre habituel serait interverti pour les divisions : mais comme d'ailleurs, dans chaque division, les brigades et les régimens auraient conservé leur ordre de bataille, l'inconvénient aurait peu de gravité. Un temps précieux pourrait être perdu, aussitôt après le débarquement, si les deux divisions, pour se placer dans l'ordre qui leur est assigné, faisaient un mouvement, la première de la gauche à la droite, la deuxième de la droite à la gauche. Le mouvement ne devra s'opérer que lorsque l'ordre en aura été donné. Dix-huit pièces de campagne et six obusiers de montagne seront mis à terre en même temps que les deux premières divisions : des chalands même où elles auront été placées, ces bouches à feu balaieraient la plage, si l'ennemi s'y trouvait en force. L'artillerie des bâtimens de guerre agirait en même temps; son feu serait d'autant plus efficace que ces bâtimens peuvent s'approcher du rivage à moins de deux cents toises.

Deux compagnies de sapeurs, fortes chacune de cent cinquante hommes, débarqueront avec les deux premières divisions; tous les sapeurs porteront des outils avec leurs armes; quatre mille outils et six mille lances seront jetés à terre. Les outils seront destinés à la construction des premiers retranchemens; on se servira des lances pour couvrir l'infanterie de chevaux de frise, avant que les retranchemens aient été construits. Si les deux compagnies du génie, qui sont embarquées sur *la Truite*, *l'Astrolabe*, *le Lézard* et *la Garonne*, débarquaient en même temps que la 1re et la 2e division, on affecterait un nombre double de sapeurs à chacune des destinations indiquées.

Arrivé à terre, chaque corps se formera par bataillons en colonne par division, à distance de peloton; on fera charger les armes, et on se tiendra prêt à repousser les attaques de la cavalerie ennemie, et à protéger l'artillerie qui aura été mise à terre.

Si les corps se trouvaient morcelés, les colonels mettraient tous leurs soins à en réunir les différentes parties. L'ordre aura été donné d'avance aux capitaines de ne point agir isolément; d'attendre, pour faire un mouvement, que plusieurs compagnies de leurs bataillons soient réunies, et, autant que possible, que leurs officiers supérieurs leur aient donné des ordres; ceux-ci même n'agiront que d'après les ordres des officiers-généraux.

MM. les officiers-généraux ordonneront, le plus tôt possible, que les bataillons soient échelonnés. L'artillerie sera placée entre les échelons, de manière qu'elle puisse être défendue par les feux croisés, et, si l'on le juge nécessaire, par des pelotons de voltigeurs détachés de leurs compagnies.

Si les échelons ne devaient pas se mouvoir, on couvrirait par des chevaux de frise les échelons extrêmes dont toutes les faces ne seraient pas flanquées. Si on pouvait disposer d'un assez grand nombre de lances, la ligne entière des échelons serait couverte.

Si la cavalerie ennemie se présentait, on formerait les carrés, en ne s'écartant que le moins possible de ce que prescrit l'ordonnance; généralement, les feux seraient des feux de deux rangs. Si toutefois des officiers-généraux avaient obtenu la facile exécution des feux de rang, il ne faudra pas renoncer entièrement à ces feux, qui inspirent de la confiance à ceux qui les exécutent, et imposent à ceux contre lesquels ils sont dirigés.

Si les échelons devaient se mettre en marche, et que la présence de l'ennemi et la crainte d'une attaque immédiate les forçât de rester formés en carrés, on pourrait faire rompre par sections les côtés parallèles à la direction suivant laquelle on marcherait. Cette disposition éviterait l'allongement de ces côtés, inconvénient presqu'inévitable de la marche de flanc.

Pendant la marche des bataillons, des tirailleurs et des flanqueurs écarteront des bataillons dont ils feront partie le feu des tirailleurs ennemis; mais ils ne devront pas s'en éloigner à plus de cent pas. Il est nécessaire qu'ils puissent être recueillis dans les rangs des bataillons avant que ceux-ci aient pu commencer leur feu avec efficacité.

S'il se présentait, à trois ou quatre cents toises du point de débarquement, une position dont il fût dangereux de laisser l'ennemi maître, et que vous crussiez devoir faire occuper, le mouvement se ferait avec huit bataillons seulement; les autres bataillons resteraient en réserve dans celle des deux premières divisions qui serait la plus rapprochée de Sidi-Ferruch. Cette réserve couvrirait les travailleurs chargée de fortifier la presqu'île, et l'artillerie qui y aura été placée. Une partie des quatre bataillons pourrait être employée aux travaux, de concert avec une des compagnies de sapeurs; l'autre compagnie sera chargée de couvrir de chevaux de frise les extrémités des lignes d'échelons. Les travaux de la presqu'île seront dirigés par des officiers d'état-major du génie.

Il paraît certain que l'ennemi a construit sur la plage,

près de la presqu'île, une batterie de dix à douze pièces de canon, mal fermée à la gorge. Une des premières opérations de la division qui aura débarqué à droite et à gauche de Torre-Chica, serait de s'emparer de cette batterie. Une brigade devra la tourner et l'attaquer à la gorge, soit à l'aide de l'artillerie de campagne, soit par escalade. Le premier moyen serait préférable, si la muraille n'était pas trop épaisse pour être ruinée par des pièces de huit; on éviterait ainsi le désordre et la perte d'hommes qui résulteraient d'une escalade. Dans le cas où l'ennemi aurait de l'artillerie de campagne, il faudrait manœuvrer sur les flancs avec une brigade et une batterie. Cette attaque de flanc serait combinée avec une attaque de front.

Il n'est pas besoin de prescrire de se tenir éloigné du point de débarquement, et de n'entreprendre aucune opération importante à moins d'avoir réuni la moitié au moins de votre division, ou de vous trouver à portée d'être soutenus par une des deux autres. Au reste, lorsque l'une ou l'autre de ces conditions sera remplie, le général en chef sera là pour donner des ordres.

DÉPÊCHES DU GÉNÉRAL EN CHEF.

Sidi-Ferruch, le 14 juin 1830.

L'armée navale, que l'attente de la flottille de débarquement avait retenue plus de huit jours dans la baie de Palma, mit à la voile le 10 juin. La brise, faible d'abord, devint assez forte pour que plusieurs petits bâtimens eussent des avaries. Deux bateaux-bœufs périrent avec une partie de leur équipage. Le 12, à la pointe du jour, on découvrit la côte d'Afrique; mais la force toujours croissante du vent et l'agitation de la mer firent regarder le débarquement comme impossible. La flotte s'éloigna momentanément de la terre; des bâtimens légers furent dirigés vers la presqu'île de Sidi-Ferruch et les deux plages adjacentes. La certitude que l'on avait d'y trouver un mouillage favorable; l'abri qu'offrent contre les vents régnans la direction et le relief de la côte; la nature du terrain, qui, découvert jusqu'à quatre mille mètres de la mer, ne permet pas à l'ennemi de s'embusquer, avait depuis longtemps attiré l'attention sur cette partie du littoral.

Le mouvement rétrograde cessa le 12, à neuf heures du soir, et on fit voile vers le sud; la mer devint plus calme pendant la nuit. Le 13, à la pointe du jour. on n'était plus qu'à deux ou trois lieues d'Alger. Les troupes firent éclater la plus vive allégresse, et les cris de *vive le roi!* s'élevèrent de toutes parts. L'armée navale, qui avait marché vers le sud, changea de direction et fit voile parallèlement à la côte, vers la presqu'île: les bâtimens armés en guerre se placèrent en tête; ils étaient destinés à battre les ouvrages que l'ennemi aurait pu construire sur le point de débarquement. La brise soufflant de l'est, on résolut de débarquer à l'ouest de Sidi-Ferruch. A dix heures du matin, les bâtimens armés en guerre se trouvaient à hauteur de cette presqu'île; la tour qui s'y élève était abandonnée. L'ennemi avait désarmé une batterie de douze pièces de canon dont on devait s'attendre à essuyer le feu; un camp était établi à une lieue environ du rivage; on découvrait en avant quelques batteries et des groupes de cavaliers arabes. Un bateau à vapeur s'approcha de la côte, et son feu eut bientôt dispersé les cavaliers. Les batteries ennemies dirigèrent quelques boulets et quelques bombes sur le mouillage, mais sans produire aucun effet. A huit heures du soir, les trois escadres, la 1re division du convoi et la flottille de débarquement avaient jeté l'ancre. Des ordres furent donnés pour que le débarquement commençât le 14. La 1re division atteignit la terre avant cinq heures du matin, sans éprouver aucune résistance; les deux autres divisions débarquèrent successivement. Le général Berthezène se porta en avant avec la 1re division et huit pièces de canon.

Bientôt les batteries ennemies commencèrent leur feu et le continuèrent, quoiqu'elles fussent battues directement par notre artillerie de campagne, et prises d'écharpe par les bâtimens du roi, qui s'étaient placés à l'est de la presqu'île. Le général Berthezène reçut l'ordre de tourner par la gauche la position qu'occupait l'ennemi. Le mouvement eut le résultat qu'on en attendait: les batteries furent abandonnées; treize pièces de 16 et deux mortiers tombèrent en notre pouvoir. Les divisions Loverdo et d'Escars suivirent le mouvement de la 1re. A onze heures, le combat avait cessé, et l'ennemi fuyait de toutes parts.

Nos soldats ont montré autant de sang-froid que jusqu'alors ils avaient fait éclater d'enthousiasme. Nous avons perdu vingt hommes; aucun officier n'a été atteint.

L'aspect du terrain, en avant de la presqu'île, répond entièrement à la description qu'en a faite le colonel Boutin : il est sablonneux et légèrement ondulé; de fortes broussailles le couvrent dans presque toutes ses parties.

La presqu'île est un rocher calcaire sur lequel s'élève un *santon*, auquel les Espagnols ont donné le nom de *Torre-Chica*. Elle est destinée à servir de place de dépôt pour nos approvisionnemens de toute espèce. Le général Valazé y a tracé un retranchement qui aura peu de développement, et dont la construction est déjà commencée.

Sidi-Ferruch, le 17 juin 1830.

L'armée occupe toujours la position dont elle s'est emparée le 14. Elle attend, pour s'approcher d'Alger, le débarquement de la plus grande partie de ses chevaux, de ses voitures et de ses approvisionnemens de toute espèce. Ces conditions ne tarderont pas à être remplies. La subsistance des troupes est assurée pour quinze jours. Le premier convoi de chevaux est en vue; déjà même plusieurs des bâtimens dont il se compose sont au mouillage; toute l'artillerie de campagne est débarquée avec approvisionnement de deux cent vingt coups par pièce; enfin quelques pièces de l'équipage de siége ont été mises à terre.

Les divisions Berthezène et Loverdo sont établies à une lieue environ de la tour de Sidi-Ferruch, que les pièces de canon dont elle est couronnée avait fait considérer comme un établissement militaire, mais que l'on a reconnu être le minaret d'une petite mosquée. L'ennemi montre cinq à six mille cavaliers et trois à quatre mille fantassins. Ces troupes sont irrégulières; on croit qu'elles appartiennent aux contingens d'Oran et de Constantine. Les tirailleurs s'approchaient d'abord jusqu'à une petite distance de nos bivouacs, et leur feu, quoique en général mal assuré, nous blessait quelques hommes. L'artillerie, qu'on a placée sur le front de nos positions, les a écartés, et depuis lors notre perte a été presque nulle. Le feu de nos fusils de rempart a aussi produit de bons effets; il est exécuté avec une justesse remarquable par des canonniers que le général Lahitte avait exercés à ce genre de tir.

Hier, à six heures du matin, un orage assez violent a

éclaté; il était accompagné d'une pluie fort abondante et de bruyans coups de tonnerre. Tous ceux qui ont long-temps habité l'Afrique septentrionale s'accordent à dire que pendant le mois de juin ce phénomène y est presque sans exemple : le vent battait en côte; la mer devint houleuse, et l'on put craindre un moment que les bâtimens ne chassassent sur leurs ancres et ne se heurtassent. Il n'y eut pas d'accident; les troupes ont peu souffert de la pluie. L'abondance du bois permet de faire de nombreux bivouacs. Les broussailles, qui sont basses sur le bord de la mer, atteignent plus loin une hauteur de cinq à six pieds; les petits pins, les lentisques et les arbousiers dont elles se composent s'enflamment avec beaucoup de facilité.

On poursuit avec activité la construction du retranchement destiné à fermer la presqu'île. Déjà il mettrait à l'abri d'un coup de main le dépôt de nos approvisionnemens. Dans deux jours, les mouvemens de terre seront terminés; deux autres jours suffiront pour le palissadement. Le débarquement du matériel n'a été interrompu par l'orage que pendant quelques heures; déjà beaucoup d'effets de campement et d'hôpital ont été mis à terre; une partie des barraques qui doivent recevoir les malades et les blessés est déjà établie; des fours ont été construits; hier, on a commencé à faire du pain.

On trouve de l'eau en qnantité suffisante; les puits sont nombreux et peu profonds; nos soldats en creusent eux-mêmes dans les bivouacs où il n'en existe pas; l'eau sera plus abondante encore dans les jardins qui environnent Alger. On a maintenant la certitude que les alarmes qu'on avait fait naître sous ce rapport étaient mal fondées.

Lorsque les retranchemens seront terminés, M. l'amiral Duperré les fera garder par deux ou trois mille marins. Toutes les troupes deviendront ainsi disponibles pour les opérations ultérieures. L'union de l'armée de terre et de mer, l'amour du roi et de la patrie, dont ceux qui en font partie sont également animés, doivent aplanir beaucoup de difficultés, et contribuer puissamment à la rapidité de nos succès.

Le dernier rapport que j'ai eu l'honneur d'adresser à votre excellence a été écrit immédiatement après le combat. Ceux des lieutenans-généraux ne m'étant pas encore parvenus, je n'avais pu évaluer que d'une manière approximative les pertes que nous avions éprouvées dans la journée du 14; trente-deux hommes ont été tués ou mis hors de combat. Un officier a été blessé légèrement. Les régimens de la brigade Achard sont ceux qui ont le plus souffert. Depuis le 14, soixante hommes ont reçu des blessures; sept ou huit ont été tués.

Le général Berthezène cite, comme s'étant particulièrement distingués, MM. Delaure, capitaine de voltigeurs du 4e léger; Clouet, capitaine de carabiniers au même régiment; Bache, sous-lieutenant au 2e léger; Bellecard, capitaine au 14e de ligne; Abadie, capitaine au 37e.

MM. Bessières, sous-lieutenant au 3e de ligne, et Charles de Bourmont, aide-major dans le même régiment, sont entrés les premiers dans une des batteries ennemies.

Le soldat Cermi, du 14e de ligne, a été blessé et renversé par un boulet qui avait tué son chef de file; il s'est relevé en criant : *Vive le roi!*

L'état sanitaire est toujours satisfaisant; il n'y a dans l'armée que cinq fiévreux.

Sidi-Ferruch, le 8 juin 1830.

L'armée occupe les postes dont elle s'est emparée le 14; elle n'attend, pour se porter en avant, que le débarquement de la plus grande partie des chevaux et du matériel. L'ennemi s'est présenté plusieurs fois, mais sans faire d'attaque sérieuse. Depuis hier il se tient plus éloigné. L'armée brûle de combattre. Il n'y a point de malades.

Au camp de Sidi-Ferruch, le 19 juin 1830, deux heures après-midi.

L'armée ennemie occupait, depuis le 15, le camp de Staouéli; le 17 et le 18, elle avait montré en avant de nos positions moins de monde que les jours précédens; cependant des renforts considérables lui étaient arrivés. Le 18 au soir, les contingens de Constantine, d'Oran et de Tittery, et une grande partie de la milice turque d'Alger, se trouvaient réunis. La force de ces différens contingens s'élevait à quarante mille hommes environ. Leur confiance était d'autant plus grande, que depuis quatre jours l'armée française demeurait immobile dans ses positions. J'attendais, pour donner l'ordre de marcher en avant, le débarquement des moyens de transport des subsistances et du matériel de siége. Cette inaction avait été interprétée d'une autre manière, et l'aga d'Alger, qui marchait à la tête de la milice, crut qu'une attaque lui offrirait des chances de succès. Des batteries construites la veille entre Staouéli et nos positions avaient révélé son projet, et tout était disposé pour le bien recevoir. Le 19, à la pointe du jour, l'armée ennemie s'avança sur une ligne beaucoup plus étendue que le front de nos positions; mais ce fut contre les brigades Achard et Clouet que se dirigèrent les plus grands efforts. Là se trouvait la milice turque. Son attaque se fit avec beaucoup de résolution ; des janissaires pénétrèrent jusque dans les retranchemens qui couvraient le front de nos bataillons ; ils y trouvèrent la mort. La 3e brigade de la division Berthezène et les deux 1res brigades de la division Loverdo furent attaquées par les contingens d'Oran et de Constantine. Après avoir laissé l'ennemi s'avancer jusqu'au fond du ravin qui couvrait sa position, le général Loverdo le fit charger à la baïonnette ; beaucoup de fantassins arabes restèrent sur la place. Après avoir repoussé l'ennemi, la brigade Clouet reprit l'offensive. L'ardeur des troupes était telle qu'il eût été difficile de les contenir. Les brigades Achard et Poret de Morvan s'avancèrent pour soutenir la brigade Clouet. Le moment décisif était venu ; on ordonna l'attaque des batteries et du camp de l'ennemi. Les deux premières brigades de la division Loverdo, conduites par les généraux Danremont et d'Uzer, marchèrent en avant. La 3e brigade, qui avait été détachée sur la gauche, sous les ordres du général d'Arcine, suivit le mouvement de la brigade Clouet. Trois régimens de la division d'Escars s'avancèrent pour former la réserve.

Il serait difficile de peindre l'enthousiasme que firent éclater les troupes lorsque le signal d'attaque eut été donné. Sa marche se fit avec une rapidité extraordinaire. Malgré la difficulté du terrain, l'artillerie, toute de nouveau modèle, fut constamment en première ligne. Son extrême mobilité dut contribuer puissamment à l'épouvante de l'ennemi. Pour tous ceux qui ont pris part au combat de Staouéli, la question paraîtra décidée entre l'ancien et le nouveau système. Le feu des batteries qu'avait construites l'ennemi en avant de son camp, n'arrêta pas un moment nos troupes. Les huit pièces de bronze qui les armaient furent enlevées par le 20e régiment de ligne. Les Turcs et les Arabes avaient pris la fuite de toutes parts; leur camp tomba en notre pouvoir; quatre cents tentes y étaient dressées; celle de l'aga d'Alger, des beys de Constantine et de Tittery sont d'une grande magnificence. On a trouvé une quantité considérable de poudre et de projectiles; des magasins de subsistances, plusieurs troupeaux de moutons et cent chameaux environ, qui vont augmenter nos moyens de transport. Nos soldats coucheront sous les tentes de l'ennemi.

La conduite des troupes de toutes armes a répondu à la confiance du roi. La plupart des officiers d'état-major n'étaient pas encore montés; ils ont fait leur service avec une ardeur infatigable Le lieutenant-général Berthezène a conduit sa division avec le talent et le sang-froid qu'on attendait de sa vieille expérience.

Lorsque j'aurai reçu les rapports des lieutenans-généraux, je ferai connaître à votre excellence les officiers et les soldats qui se sont le plus distingués.

Le nombre des blessés s'élève à trois cents environ; les blessures sont généralement peu dangereuses, et la moitié de ceux qui les ont reçues ne tarderont pas à revenir sous les drapeaux.

Le débarquement continue avec une grande activité; on a mis à terre aujourd'hui beaucoup de chevaux; le nombre de ceux que l'on doit débarquer demain sera plus considérable encore. Le temps est superbe; l'été, qui avait été tardif, paraît avoir enfin commencé; cependant la chaleur n'est pas plus vive que celle qu'on éprouve à Paris au solstice d'été; pendant toute la journée une brise constante rafraîchit l'air. Dans trois ou quatre jours l'armée pourra s'approcher d'Alger ; il paraît certain que l'ennemi n'a préparé aucun moyen de défense entre cette ville et le camp.

Les Arabes se découragent ; plusieurs se sont déjà présentés à nos avant-postes ; ils s'accordent à dire que la crainte seule que leur inspire le dey les a fait marcher contre l'armée française. La journée de Staouéli peut donner lieu à de nombreuses défections.

Au camp de Sidi-Ferruch, le 22 juin 1830.

Depuis le combat du 19 juin, l'ennemi ne montre que quelques détachemens épars. Il paraît certain que la plupart des Arabes se sont éloignés, que les Turcs restent renfermés dans les murs d'Alger, et qu'une vive fermentation s'est manifestée parmi eux. Dans cet état de choses, je n'aurais pas hésité à porter l'armée en avant, si les chevaux de l'artillerie de siége et ceux de l'administration eussent été débarqués ; les bâtimens qui les transportent devaient partir le 13 de la baie de Palma ; des vents de sud-ouest les ont retenus jusqu'au 18.

Depuis lors le calme a été presque constant, et ils ne sont point encore vue. J'ai pensé que l'investissement ne devait se faire que lorsque l'on aurait acquis la certitude que les travaux du siége ne seraient pas interrompus par le manque de munitions, et que les subsistances seraient assurées pour trente jours.

Malgré le retard inattendu que je viens d'indiquer, le transport de l'équipage de siége a commencé. Peut-être suffirait-il de faire débarquer à Sidi-Ferruch le nombre de bouches à feu et la quantité de munitions nécessaires pour l'attaque du château de l'Empereur. On a lieu de croire qu'après la prise de ce fort, et même auparavant, l'ennemi pris à revers, serait forcé d'abandonner les batteries qui se trouvent à l'est d'Alger, et que le reste de l'équipage de siége pourrait être débarqué à peu de distance de cette place. On rendrait ainsi beaucoup plus rapide le transport du matériel de siége, depuis le point du débarquement jusqu'au camp occupé par l'armée.

Les troupes, depuis le 19, n'ont pas changé de position. Staouéli et Sidi-Khalef, dont les cartes indiquent l'emplacement, ne peuvent être comparés aux lieux habités de l'Europe. On n'y trouve point de constructions. Il est vraisemblable qu'attirés par les fontaines qui s'y trouvent, et par la bonne qualité de leurs eaux, les Arabes y établissent fréquemment leurs tentes, et que c'est là ce qui les a fait signaler par les voyageurs et les géographes. On avait supposé d'abord, d'après l'assertion de plusieurs personnes qui ont résidé long-temps à Alger, que c'était à Staouéli que nous avions forcé le camp de l'ennemi; mais la comparaison des distances et la vue de quelques maisons qui paraissent comprises dans la vue des jardins qui entourent Alger, firent bientôt naître des doutes à cet égard.

Des Arabes prisonniers furent interrogés; et il paraît démontré maintenant que le nom de *Sidi-Khalef* est celui du terrain où l'armée a vaincu, et doit servir à désigner le combat du 19. Ainsi, la position qu'occupent maintenant les divisions Berthezène et Loverdo, divise en deux parties égales la distance de Sidi-Ferruch à Alger.

A partir du camp, les broussailles cessent. On trouve, mais en petit nombre, des figuiers, des mûriers et des oliviers. Le sol est presque partout couvert de palmiers-pins;

il est inculte, mais sa nature justifie tout ce que dit l'histoire ancienne de sa fertilité.

A une petite lieue de Sidi-Khalef, et du côté d'Alger, le pays est riant et bien cultivé. L'armée y trouve beaucoup de fruits et de légumes.

J'ai reçu les rapports de MM. les lieutenans-généraux Berthezène et Loverdo, et de M. le maréchal-de-camp Lahitte. Les pertes faites le 19 sont plus considérables qu'on ne l'avait supposé : le nombre des morts est de quarante-quatre dans la 1re division, et de treize dans la seconde; celui des blessés de trois cent quarante-quatre dans la 1re division, et de cent dix-neuf dans la seconde; de dix dans l'artillerie. Le 20e, le 28e et le 37e sont les régimens qui ont le plus soufferts. Tous les blessés l'ont été par la mousqueterie. Dès le commencement de l'affaire, nos batteries ont fait taire celles de l'ennemi. On doit ce résultat à l'habileté avec laquelle M. le général de Lahitte les a dirigées, à la bravoure des canonniers, et à la justesse remarquable de leur tir : toute l'armée leur rend ce témoignage.

Le lieutenant Delamarre, qui commandait deux pièces de 8 sur le front de la brigade Clouet, a fait éprouver aux Turcs une perte considérable; quatre coups à mitraille ont décidé leur fuite. Le général Clouet cite le lieutenant Delamarre comme ayant contribué puissamment aux succès qu'a obtenus sa brigade.

Le général Loverdo ne donne pas moins d'éloges au capitaine Lelièvre, qui commandait sur la droite la batterie d'obusiers de montagne. Les mulets destinés au service de cette batterie n'étaient point encore arrivés; l'ardeur des canonniers y a suppléé; ils ont porté les munitions, et traîné les pièces à la bricole.

Le lieutenant Vernier, qui depuis le 15 juin était attaché à la division Berthezène, a marché constamment avec ses obusiers de 24 sur la ligne, et même en avant des tirailleurs.

M. le lieutenant-général Berthezène cite avec éloge MM. les colonels d'infanterie Feuchères, Horric et Monnier; M. le colonel d'état-major marquis de Brossard; Tremeaux, chef de bataillon au 37e de ligne; Augis, chirurgien-major, et de la Fare, capitaine dans le même régiment; Bué et Drogne, officiers du 20e de ligne; Serviez, sous-lieutenant au 14e de ligne.

Hans, soldat du 2e léger; Rousselin, voltigeur du 37e de ligne, refusèrent, quoique blessés, de quitter le champ de bataille.

M. le général Loverdo recommande à la bienveillance de Votre Excellence M. Jacobi, colonel, chef d'état-major de la 2e division; Aupick, chef de bataillon d'état-major; Perrot et Riban, capitaines au même corps; MM. les colonels d'infanterie Magnan, Léridant et Mangin; M. Boulé, lieutenant-colonel au 6e de ligne; MM. Blanchard, capitaine de voltigeurs dans le même régiment; Delacroix, capitaine de voltigeurs au 49e; Lévêque, lieutenant de voltigeurs du 15e de ligne; Darricau, sous-lieutenant du 48e; Duchatellier, capitaine dans le 21e; Lavagnac, lieutenant du 29e.

Je crois devoir signaler à Votre Excellence les heureux résultats obtenus par l'administration. Les fours en tôle ont été établis en vingt-quatre heures, et, dès le 16, on a fait du pain.

M. l'intendant en chef avait pensé que dans un pays où l'on trouverait peu d'habitations, il fallait être en mesure d'établir des hôpitaux mobiles; des hangards, couverts de toile imperméable, mettent à couvert les malades et les blessés;

l'air y circule facilement ; tous les blessés m'ont exprimé leur satisfaction sur la propreté qui y règne, et sur les soins qu'ils reçoivent.

Les nouvelles voitures à deux roues conviennent parfaitement dans le terrain que nos convois auront à traverser. Je ne puis donner trop d'éloges au zèle des fonctionnaires de l'intendance, et à l'activité infatigable de leur chef.

J'ai l'honneur d'adresser à Votre Excellence le plan de la presqu'île et des ouvrages qui la ferment : ce travail a été exécuté, sous la direction de M. le capitaine Filhon, par les ingénieurs géographes attachés à l'armée, et par quelques officiers d'état-major.

Depuis le débarquement, un chemin praticable pour les voitures a été ouvert, sous la direction de M. le général Valazé, entre le camp de Sidi-Ferruch et celui de Sidi-Khalef. Sa largeur est de dix mètres, son développement de plus de huit milles. Les pentes rapides ont été évitées avec soin ; et sous ce rapport, le chemin rappelle les routes de l'Europe. Quatre ou cinq jours ont suffi pour le terminer. Les retranchemens destinés à fermer la presqu'île sont entièrement construits ; vingt-quatre pièces de canon y sont en batterie. Ces heureux résultats sont dus à l'activité des officiers d'artillerie et du génie, au zèle et à l'intelligence avec lesquels les soldats de ces deux armes exécutent les travaux de toute espèce qui leur sont confiés.

Au camp de Sidi-Khalef, le 25 juin 1830.

J'ai eu l'honneur de vous rendre compte, dans ma dernière dépêche, des motifs qui m'avaient empêché de porter l'armée en avant du camp de Sidi-Khalef.

Notre immobilité releva les espérances de l'ennemi. Le 24, à la pointe du jour, les Turcs et les Arabes se présentèrent en embrassant un front très-étendu, et dans moins d'ordre encore que le 19. Toutes les dispositions étaient prises pour que la première attaque leur fît perdre deux lieues de terrain : elles furent exécutées avec une grande précision. La division Berthezène et la 1re brigade de la division Loverdo marchèrent avec une batterie d'artillerie de campagne. Aussitôt que nos bataillons d'infanterie, disposés en colonnes, eurent paru dans la plaine qui s'étend en avant du camp, l'ennemi prit la fuite sur tous les points; les troupes françaises traversèrent cette plaine avec une grande rapidité. A six mille mètres du camp, le pays change d'aspect, les mouvemens de terrain deviennent plus prononcés, l'on se trouve sur le groupe de hauteurs qu'occupent Alger et ses jardins; on y voit de nombreuses habitations. Les vignes, les haies et les arbres fruitiers dont le sol est couvert, rappellent les contrées les plus fertiles et les mieux cultivées de l'Europe.

On devait supposer que les Turcs se défendraient avec vigueur derrière les nombreux obstacles que leur offrait le terrain; mais, battus et découragés, ils ne s'arrêtèrent nulle part. Je crus devoir en profiter pour traverser rapidement cet espace, et bientôt les troupes françaises atteignirent la limite qui le sépare d'un pays découvert : elles prirent position. Un ravin les séparait de l'ennemi, qui s'était enfin arrêté sur la crête des hauteurs situées du côté opposé à celui que nous occupions. L'artillerie avait surmonté avec sa rapidité ordinaire toutes les difficultés du terrain : elle se mit en batterie; et quelques obus, lancés avec une grande justesse, dispersèrent les groupes qui se présentaient encore. Peut-être les Turcs craignirent-ils alors d'être refoulés dans la place, dont nous n'étions plus séparés que par un intervalle de quatre à six mille mètres. Un magasin à poudre avait été établi sur la pente des hauteurs, dont ils occupaient la crête; ils le firent sauter. La détonation fut violente; des nuages d'une fumée épaisse qui s'élevait à plus de cent mètres, et que réfléchissaient les rayons du soleil d'Afrique, présentaient à l'armée un magnifique spectacle. Gudin était là; il saisit ses crayons. Cette explosion ne produisit aucun accident.

Deux escadrons de chasseurs avaient suivi le mouvement de l'infanterie; mais la fuite précipitée de l'ennemi et la nature du terrain ne leur permirent pas de charger.

L'ennemi n'avait point de canon; peut-être avait-il reconnu qu'en amener, c'était nous le livrer. Le nombre des hommes mis hors de combat a été peu considérable: un seul officier a été blessé dangereusement; c'est le deuxième des quatre fils qui m'ont suivi en Afrique. J'ai l'espoir qu'il vivra pour continuer de servir avec dévouement le roi et la patrie.

On a pris, le jour du combat, plus de quatre cents bœufs; ainsi les approvisionnemens de l'armée, en viande, sont assurés pour huit ou dix jours.

Pendant que l'armée combattait, les vents d'ouest, qui retenaient au large le convoi parti le 18 de la baie de Palma, avaient cessé de souffler; une brise d'est le poussait vers le mouillage, qu'il atteignit pendant la nuit dernière.

Aujourd'hui le débarquement a commencé; il s'exécute sans obstacle. Depuis le 14, la communication a été constamment libre entre l'armée de terre et l'armée de mer: elle n'a pas même été interrompue le jour du violent orage dont j'ai rendu compte à Votre Excellence.

Aujourd'hui les tirailleries ont continué. Les Turcs se sont présentés en grand nombre : les Arabes étaient beaucoup plus disséminés que les jours précédens. Leur objet paraît être maintenant, moins de combattre que d'attaquer des hommes isolés, et de piller des équipages.

Les dispositions sont prises pour attaquer l'ennemi demain à la pointe du jour.

Au camp de Sidi-Khalef, le 28 juin 1830.

L'attaque qui avait été projetée pour le 26 n'a point eu lieu : elle aurait conduit l'armée sur le plateau qui domine le fort de l'Empereur. Ayant été informé que nous trouverions quelques batteries sur ce plateau et sur d'autres points extérieurs, je préférai attendre que plusieurs pièces de gros calibre et une partie du matériel d'artillerie et du génie fussent rassemblés à une petite distance en arrière de la première ligne. Ce retard a été mis à profit ; des travaux dirigés par le général Valazé ont rendu, en avant de Sidi-Khalef, la route facilement praticable pour les voitures. Plusieurs redoutes, destinées à soutenir la marche de nos convois, ont été construites et armées avec les pièces prises à l'ennemi. Le débarquement des chevaux de l'artillerie de siége et de l'administration a permis de rapprocher d'Alger des projectiles et des approvisionnemens de toute espèce. Ainsi, lorsque l'attaque aura refoulé l'ennemi dans la place, l'armée sera en mesure d'emporter les batteries de l'ennemi, de fortifier son camp, de commencer et même de poursuivre avec vigueur le siége du château de l'Empereur. Les troupes qui se trouvent en présence de notre première ligne appartiennent presque exclusivement à la milice turque. Le tiraillement continuel qui a eu lieu depuis l'affaire du 24, a mis hors de combat six à sept cents hommes. Faites par la mousqueterie et par des coups tirés de loin, les blessures sont en général peu dangereuses. Depuis hier seulement quelques hommes ont été atteints par le feu de deux pièces de 24 que l'ennemi a conduites sur sa position. M. le chef de bataillon Bornes, officier très-distingué, a eu un bras emporté. Voulant faire cesser cet état de choses, j'ai donné des ordres pour que l'attaque se fît demain à la pointe du jour. Voici comment les troupes seront disposées lorsque nous marcherons à l'ennemi.

La droite sera formée de la division Berthezène; la gauche de la division d'Escars; une brigade de la division Loverdo sera placée en deuxième ligne; les deux autres brigades de la division Loverdo seront échelonées sur notre ligne de communication, à l'exception d'un bataillon qui va former, avec quatorze cents marins, la garnison de la presqu'île. J'ai confié à M. de Léridant, colonel du 48e de ligne, le commandement de ce point important.

Les Bédouins, pendant plusieurs jours, s'étaient montrés en assez grand nombre sur la droite de notre ligne de communication. Depuis hier ils n'avaient pas paru ; on les a revus aujourd'hui.

Neuf cents hommes valides avaient été rassemblés dans le dépôt établi à Toulon pour l'armée. Je comptais sur leur prompte arrivée. Ce renfort aurait réparé en grande partie les pertes que nous avons éprouvées. Ayant été informé que vous aviez donné des ordres pour que tous les hommes qui se trouvaient au dépôt fussent dirigés sur les troisièmes bataillons, j'ai cru devoir prescrire à M. le lieutenant-général commandant la division de réserve, de faire partir une brigade de cette division. M. l'amiral Duperré doit mettre à sa disposition les moyens nécessaires d'embarquement.

Au camp devant Alger, le 1er juillet 1830.

Le projet d'attaquer l'ennemi en avant d'Alger fut exécuté le 29 à la pointe du jour; mais les dispositions qui avaient été prises d'abord reçurent quelques modifications dans les trois divisions de l'armée; l'ardeur et le dévouement sont les mêmes; je pensai que l'honneur de combattre devait être réparti également. L'attaque de la droite fut confiée à la deuxième et à la troisième brigades de la division Berthezène; celle du centre, à la première et à la troisième brigades de la division Loverdo; le duc d'Escars reçut l'ordre d'attaquer par la gauche avec les deux premières brigades de sa division, et de suivre à peu près la ligne de partage des ravins qui versent à l'est et à l'ouest d'Alger. C'est de ce côté que l'ennemi avait réuni le plus de forces. Les brigades Berthier et Hurel mirent dans l'attaque autant de vigueur qu'elles avaient montré de constance et de sang-froid dans les positions défensives qu'elles avaient occupées les jours précédens. Enfoncé par elles, l'ennemi n'attendit pas le choc sur les autres points, et de toutes parts il prit la fuite. La division Berthezène changea de direction, et alla occuper la crète des collines qui s'élèvent entre la mer et le point d'attaque de la division d'Escars. Ces collines dominent tout le pays environnant. Le général Loverdo marcha vers le château de l'Empereur, et profita de la forme du terrain pour établir deux bataillons à moins de quatre cents mètres de cette forteresse et sur un des versans du plateau qui la commande. Le duc d'Escars se rapprocha aussi du château de l'Empereur, pour que ses deux brigades fussent à même de concourir, dès la nuit suivante, à l'ouverture de la tranchée. Quoique la hauteur du point le plus élevé des collines qui entourent Alger n'excède pas deux cents mètres, les accidens de terrain sont fortement prononcés. La profondeur des ravins, l'extrême rapidité de leurs berges, les arbres et les haies dont le sol est entièrement couvert, ont rendu les marches des 2e et 3e divisions longues et fatigantes.

Dans l'affaire du 29, nous avons eu quarante à cinquante hommes hors de combat; l'ennemi a laissé beaucoup de morts sur le champ de bataille. On lui a pris un drapeau et cinq pièces de canon.

La plupart des consuls européens étaient à peu de distance du champ de bataille, réunis avec leurs familles dans la maison de campagne du consul des États-Unis. Je donnai des ordres pour qu'ils fussent en sûreté. Tous s'accordent à dire que, depuis le combat du 14, la milice a fait des pertes considérables, et que l'armée qui nous a attaqués le 19 comptait au moins cinquante mille combattans. Plusieurs centaines de Juifs que le dey avait chassés d'Alger furent trouvés épars dans les jardins; on les laissa libres.

Pendant la nuit même qui suivit le combat, le général Valazé traça les premiers ouvrages à deux cent cinquante mètres environ du château de l'Empereur; les soldats, malgré les fatigues de la journée, y travaillèrent avec ardeur. Déjà plusieurs batteries sont commencées; il est vraisemblable qu'elles seront armées dans la nuit du 2 au 3 juillet, et que le 3, à la pointe du jour, vingt-six bouches à feu de gros calibre tireront à la fois. Trois heures après, le feu du fort sera éteint. La chute du fort Bab-Azoun doit suivre de près celle du château de l'Empereur. Dès lors toutes les batteries élevées sur la plage, à l'est de la ville, ne tarderont pas à tomber en notre pouvoir. Tout porte à croire qu'après nous en être rendus maîtres, nous pourrons rapprocher du camp de siége le point du débarquement.

Ce camp est établi au milieu des jardins, dont les ombrages étonnent ceux qui sont accoutumés à considérer l'Afrique comme un pays presque entièrement dépouillé de végétation. Chaque jardin a des puits, dont l'eau fraîche et pure suffit au besoin de l'armée. De petits ruisseaux enfermés dans des conduits servent aussi à abreuver les hommes et les chevaux.

La température est élevée pendant huit heures de la journée; le soir, l'air est frais et même humide; quelques soldats sont atteints de la dyssenterie, mais cette maladie ne présente point de caractère grave. Je prie Votre Excellence d'appeler les bontés du roi sur M. d'Albenas, lieutenant-colonel du 30e régiment de ligne, et sur M. Chambaud, chef de bataillon du génie. Le premier avait eu, le 27, le bras gauche fortement contus par un boulet; il refusa de s'éloigner de son corps : le 29, il reçut une nouvelle blessure. M. Chambaud a été atteint par un biscayen quelques heures après l'ouverture de la tranchée; c'est un officier d'une grande distinction.

A la Casauba, le 5 juillet 1830, à trois heures après midi.

L'ouverture du feu devant le fort de l'Empereur fut différée jusqu'au 4 juillet, pour que toutes les batteries de siége pussent tirer à la fois. Je pensai qu'imposer à l'ennemi, dès le premier jour, par une grande supériorité de feux, ce serait abréger la durée des opérations ultérieures.

La tranchée avait été ouverte dans la nuit du 29 au 30 juin. Depuis lors, les travaux n'avaient pas été un moment interrompus. Pendant la nuit, et même aux heures où les travailleurs sont ordinairement relevés, l'artillerie ennemie tirait peu. Pendant le jour, des tirailleurs turcs et arabes se glissaient, à la faveur des buissons, dans les ravins qui se trouvaient à gauche des attaques. Ils blessèrent un assez grand nombre d'hommes ; mais bientôt des épaulemens mirent les troupes à couvert.

On devait s'attendre à des sorties vigoureuses. L'occupation du fort de l'Empereur permettait à l'ennemi de se rassembler, sans danger, en avant de la Casauba ; il n'a point profité de cet avantage. Au reste, tout était disposé pour le bien recevoir.

Les batteries avaient été construites avec une étonnante rapidité. Parmi les vingt-six bouches à feu qui les armaient, on comptait dix pièces de 24, six pièces de 16, quatre mortiers de dix pouces et six obusiers de huit pouces.

Tout fut prêt le 4, avant le jour ; à quatre heures du matin, une fusée donna le signal, et le feu commença. Celui de l'ennemi, pendant trois heures, y répondit avec beaucoup de vivacité. Les canonniers turcs, quoique l'élargissement des embrasures les mît presque à découvert, restaient bravement à leur poste ; mais ils ne purent lutter long-temps contre l'adresse et l'intrépidité des nôtres, que le général Lahitte animait de son exemple et de ses conseils. A huit heures, le feu du fort était éteint ; celui de nos batteries continua de ruiner les défenses. L'ordre de battre en brèche avait été donné et commençait à s'exécuter, lorsqu'à dix heures une explosion épouvantable fit disparaître une partie du château. Des jets de flammes, des nuages de poussière et de fumée s'élevèrent à une hauteur prodigieuse. Des pierres furent lancées dans toutes les directions, mais sans qu'il en résultât de nombreux accidens; quatre ou cinq soldats seulement furent gravement blessés. Le général Hurel commandait la tranchée; il ne perdit pas un moment pour franchir l'espace qui séparait nos troupes du château, et pour les y établir au milieu des décombres. Il paraît certain qu'à neuf heures les défenseurs, découragés, étaient rentrés dans la ville en s'écriant qu'on les sacrifiait inutilement, et qu'alors le dey avait ordonné que l'on fît sauter le magasin à poudre du château. A deux heures, un parlementaire me fut conduit sur les ruines du château de l'Empereur : c'était le secrétaire du dey; il offrit d'indemniser la France pour les frais de la guerre. Je répondis qu'il fallait avant tout que la Casauba, les forts et le port fussent remis aux troupes françaises. Après avoir paru douter que cette condition fût acceptée, il convint que l'obstination du dey avait été funeste. « Lorsque les Algériens, dit-il, sont en guerre avec le roi de France, ils ne doivent pas faire la prière du soir avant d'avoir conclu la paix. » Il retourna dans Alger. Peu de temps après, deux des Maures les plus riches d'Alger furent envoyés par le dey. Ils ne dissimulèrent pas que l'effroi était à son comble parmi les miliciens et parmi les habitans, et que tous faisaient des vœux pour que l'on traitât sur-le-champ. Ils demandèrent que je fisse cesser le feu, en promettant que, dès lors, l'artillerie de la place se tairait. Cette suspension d'hostilités eut lieu en effet. Le général Valazé la mit à profit pour ouvrir des communications en avant du fort de l'Empereur. A trois heures, le secrétaire du dey revint accompagné du consul et du vice-consul d'Angleterre; il demanda que les conditions de la paix fussent mises par écrit. Elles le furent, et je lui fis remettre une pièce dont Votre Excellence trouvera la copie ci-jointe. A quatre heures, le secrétaire se présenta pour la troisième fois. Le dey faisait demander qu'on lui envoyât un interprète, à l'aide duquel il pût comprendre tout ce qu'on exigeait de lui. M. Braswitch, ancien premier interprète de l'armée d'Égypte, se rendit dans la Casauba. Le dey, lorsqu'on lui eut donné connaissance du projet de convention, dit qu'il en acceptait les conditions, et que la loyauté française lui inspirait une entière confiance. J'avais signé la convention. Il la revêtit de son sceau; mais il demanda que l'armistice fût prolongé jusqu'au 5 à midi, pour qu'il eût le temps de rassembler son conseil et de le décider à souscrire aux conditions imposées. Le feu fut suspendu jusqu'à nouvel ordre. Cependant les travaux continuèrent, et le 5, à la pointe du jour, une communication de huit cents mètres liait le château de l'Empereur à l'emplacement qui devait recevoir la batterie de brèche à établir contre la Casauba. Aujourd'hui, les deux Maures sont revenus; ils étaient chargés par le dey de confirmer l'engagement qu'il avait pris en apposant son sceau sur la convention; mais ils demandaient que l'occupation fût différée de vingt-quatre heures. J'exigeai que les forts, le port et la ville fussent remis aux troupes françaises à onze heures du matin. Le dey y consentit, et, dans ce moment, l'étendard de France flotte sur les tours de cette cité, dont l'abaissement était depuis tant de siècles l'objet des vœux de l'Europe entière. Le dey s'est retiré dans une maison de la ville, qu'il occupait avant de s'établir dans la Casauba. L'engagement que j'ai pris de faire respecter sa personne sera tenu fidèlement.

L'ardeur et l'intrépidité qu'ont montrées les troupes de toutes les armes, depuis le commencement du siége, sont au-dessus de tout éloge. Les officiers et les soldats d'artillerie et du génie ont soutenu la vieille renommée de leurs corps. La vigueur et les talens des généraux qui les commandent ont puissamment contribué à la rapidité de nos succès. Les combats qu'a livrés l'armée en rase campagne avaient mis hors de doute la supériorité de notre artillerie de campagne sur celle de Gribeauval. La supériorité de la nouvelle artillerie de siége n'est pas moins démontrée. Des pièces de vingt-quatre ont été conduites de Sidi-Ferruch au camp de siége avec presque autant de rapidité que l'avait été l'artillerie de campagne.

Les scellés ont été apposés sur les propriétés publiques. On va procéder à l'inventaire. J'aurai l'honneur d'en faire connaître le résultat à Votre Excellence.

Convention entre le général en chef de l'armée française et S. A. le dey d'Alger.

Le fort de la Casauba, tous les autres forts qui dépendent d'Alger, et le port de cette ville seront remis aux troupes françaises ce matin à dix heures (heure française).

Le général en chef de l'armée française s'engage, envers S. A. le dey d'Alger, à lui laisser la liberté et la possession de ce qui lui appartient personnellement.

Le dey sera libre de se retirer avec sa famille et ce qui lui appartient dans le lieu qu'il fixera ; et, tant qu'il restera à Alger, il y sera, lui et toute sa famille, sous la protection du général en chef de l'armée française ; une garde garantira la sûreté de sa personne et celle de sa famille.

Le général en chef assure à tous les soldats de la milice les mêmes avantages et la même protection.

L'exercice de la religion mahométane restera libre; la liberté des habitans de toutes classes, leur religion, leurs propriétés, leur commerce et leur industrie ne recevront aucune atteinte; leurs femmes seront respectées; le général en chef en prend l'engagement sur l'honneur.

L'échange de cette convention sera faite avant dix heures, ce matin, et les troupes françaises entreront aussitôt après dans la Casauba, et successivement dans tous les autres forts de la ville et de la marine.

Au camp devant Alger, le 5 juillet 1830.

Comte DE BOURMONT.

(Ici le dey a appliqué son sceau.)

Pour copie conforme,

Le lieutenant-général, chef d'état-major-général,

DESPREZ.

A la Casauba, le 8 juillet 1830.

La prise d'Alger paraît devoir amener la soumission de toutes les parties de la régence : plus la milice turque était redoutée, plus sa prompte destruction a élevé dans l'esprit des Africains la force de l'armée française; les miliciens eux-mêmes ont donné l'exemple de l'obéissance ; dans chacune de leurs casernes, quelques soldats ont suffi pour les désarmer : au premier ordre qu'ils ont reçu, tous ont apporté leurs fusils et leurs yatagans dans le lieu qui leur avait été désigné. On leur a fait connaître que les pères de famille seraient autorisés à rester dans Alger, mais que les célibataires seraient transportés par mer sur les points qu'ils auraient choisis. Cette décision ne parut produire sur eux que peu d'impression. La plupart sont nés dans l'Asie-Mineure; ils ont demandé qu'on les y conduisît. Le nombre des miliciens réunis dans les casernes est de 2,500 environ. Ceux-là sont tous célibataires; beaucoup sont vieux et impropres au service militaire. Les plus braves et les plus vigoureux ont péri dans la dernière campagne. Les miliciens mariés sont logés dans des maisons particulières; leur nombre ne paraît pas s'élever à plus de 1,000. Depuis trois ans, le blocus rendait le recrutement presque impossible; une réduction considérable s'en était suivie dans la force de la milice.

Le dey est venu me voir hier dans la Casauba; c'est à Livourne qu'il a témoigné le désir d'aller s'établir. Une frégate va l'y transporter. M. l'amiral Duperré prend des dispositions pour que les Turcs célibataires s'embarquent presque en même temps. Les Juifs et les Maures attendent leur départ avec une vive impatience. C'est alors seulement qu'ils croiront leur joug brisé pour toujours.

Le bey de Tittery a reconnu le premier l'impossibilité où il était de prolonger la lutte. Le lendemain même du jour où les troupes françaises ont pris possession d'Alger, son fils, à peine âgé de seize ans, est venu m'annoncer qu'il était prêt à se soumettre, et que si je l'y autorisais, il se présenterait lui-même. Son jeune envoyé remplit sa mission avec une naïveté qui rappelait les temps antiques. Je lui remis un sauf-conduit pour son père, qui, le jour suivant, se rendit à Alger. Je l'ai laissé à la tête du gouvernement de sa province, sous la condition qu'il se reconnaîtrait sujet du roi de France, et qu'il lui paierait le même tribut qu'au dey. Cette condition a été acceptée avec reconnaissance. Les habitans paraissent convaincus que les beys d'Oran et de Constantine ne tarderont pas à suivre l'exemple de celui de Tittery.

Déjà la confiance commence à s'établir, beaucoup de boutiques sont ouvertes; les marchés s'approvisionnent; le prix des denrées est plus élevé que dans les temps ordinaires, mais bientôt la concurrence aura fait cesser cette cherté éphémère. J'ai confié la direction de la police à M. d'Aubignosc, Français qui a long-temps habité l'Orient. Une commission, présidée par M. l'intendant en chef Denniée, a été chargée d'indiquer les modifications que les derniers évènemens devaient apporter dans l'administration et la forme du gouvernement. M. le général Tholozé a été nommé commandant de la place; son caractère ferme et honorable le rend éminemment propre à ce poste important.

La ligne de communication dont Sidi-Ferruch est le point de départ va devenir inutile, et désormais les approvisionnemens de l'armée seront dirigés vers le port d'Alger. Une grande économie doit en résulter dans le service des transports. Dans quelques jours on désarmera les redoutes qui avaient été construites entre Sidi-Ferruch et le camp de siége; enfin, la place de dépôt elle-même dévra être abandonnée aussitôt que les hôpitaux auront été transférés ailleurs, et que les subsistances qui s'y trouvent auront été consommées ou embarquées.

Déjà des ordres sont donnés pour que le matériel d'artillerie qui n'avait point été mis à terre soit transporté en France. L'équipage de siége reste presque entier. On a trouvé ici une immense quantité de poudre et de projectiles, et plus de deux mille bouches à feu, presque toutes en bronze. La valeur de ces objets, celle des laines et des fers qui appartiennent au gouvernement, et surtout celle du trésor, dont M. le payeur-général fait l'inventaire, paraissent devoir suffire pour payer les frais de la guerre.

Tous les prisonniers français qui se trouvaient à Alger m'ont été remis le 5 au matin, avant que les troupes françaises prissent possession de la place.

La chaleur est vive depuis quelques jours ; plusieurs fois le thermomètre de Réaumur a marqué vingt-huit degrés. Quoique le siége n'ait duré que six jours, l'activité avec laquelle les travaux ont été conduits, a fait éprouver aux troupes de grandes fatigues. Les dyssenteries sont devenues plus nombreuses, mais ceux qui en sont atteints ne le sont point assez gravement pour quitter leur corps. On compte à peine deux cent cinquante fiévreux dans l'armée. Le nombre d'hommes mis hors de combat, depuis le 14, est de deux mille trois cents ; quatre cents sont morts ; dix-neuf cents blessés ont été envoyés aux hôpitaux ; ici, comme en Égypte, ils se guérissent promptement. La plupart des pères de ceux qui ont versé leur sang pour le roi et la patrie seront plus heureux que moi : le second de mes fils avait reçu une blessure grave dans le combat du 24. Lorsque j'ai eu l'honneur de l'annoncer à Votre Excellence, j'étais plein d'espoir de le conserver ; cet espoir a été trompé, il vient de succomber. L'armée perd un brave soldat, je pleure un excellent fils. Je prie Votre Excellence de dire au roi que, quoique frappé par ce malheur de famille, je ne remplirai pas avec moins de vigueur les devoirs sacrés que m'impose sa confiance.

A la Casauba, le 10 juillet 1830.

Le dey a changé d'avis sur le lieu de sa retraite ; c'est à Naples qu'il a exprimé le désir d'être transporté ; j'ai cru devoir accéder à sa demande. S'il n'existe point de lazareth à Naples, il ira d'abord faire quarantaine à Mahon. Cent-dix personnes partent avec lui ; plusieurs appartiennent à sa famille; tous se sont embarqués aujourd'hui : le dey paraît heureux d'avoir vu se terminer ainsi une crise dont la solution semblait devoir lui être fatale.

L'embarquement des soldats non mariés de la milice a commencé aujourd'hui : treize cents sont à bord; chacun d'eux a reçu cinq piastres d'Espagne. Cette somme équivaut, pour eux, à deux mois de solde : ils ont exprimé, en la recevant, une vive reconnaissance; ils ne s'attendaient qu'à de mauvais traitemens. Plusieurs militaires mariés n'ont pas voulu profiter de l'autorisation qu'on leur accorde de rester à Alger ; ils sentent que la haine des Maures et des janissaires y rendra leur position pénible.

Une commission municipale a été installée : parmi les hommes qui la composent, il y en a d'éclairés; ils reçoivent avec joie la part qu'on leur accorde dans l'administration de leur pays. La confiance s'accroît tous les jours. Aujourd'hui, les marchés étaient abondamment pourvus, et déjà les prix sont beaucoup moins élevés.

Des bâtimens chargés de subsistances viennent d'entrer dans le port : c'est désormais par cette voie que l'armée sera approvisionnée. Toutefois, pendant quelques jours encore, des convois se dirigeront de Sidi-Ferruch vers Alger : ils pourraient maintenant marcher sans escorte; pas un Arabe armé ne se montre sur la route.

Les dyssenteries continuent, mais sans être accompagnées de symptômes alarmans. Le repos dont jouissent maintenant les troupes doit amener une amélioration. D'après l'avis du conseil de santé de l'armée, on a doublé la ration de vin et celle de riz.

A la Cssauba, le 13 juillet 1830.

Depuis la prise d'Alger, pas un coup de fusil n'a été tiré dans le pays qu'occupent les troupes françaises. Ces Arabes, dont les bandes armées couvraient la campagne et harcelaient sans cesse nos colonnes, ont repris leurs habitudes pacifiques : tous les jours, on les voit en foule conduire vers la ville ou vers nos camps leurs bêtes de somme chargées de denrées ; souvent même ils laissent jusqu'au lendemain, sous la sauvegarde de nos troupes, ce qu'ils n'ont pu vendre dans la journée. Quoique le prix de la plupart des objets de consommation soit moins élevé qu'en France, il est encore supérieur à celui des temps ordinaires. Chaque jour fait mieux apprécier les ressources que retirerait une sage administration du pays où nous avons porté la guerre. Le blé et la viande abondent, et bientôt on n'aura que du vin à demander à la France pour la subsistance de l'armée. Un troupeau de douze cents bœufs vient d'être envoyé par le bey de Tittery. La Régence d'Alger offre presque toutes les productions qui font la richesse des plus fertiles contrées de l'Europe; beaucoup de plantes coloniales y seraient cultivées avec succès.

Les bâtimens sur lesquels on avait embarqué le dey et les soldats de la milice, ont mis à la voile : cet évènement a achevé de rassurer les Maures.

Le bey de Constantine était resté, pendant quelques jours, à cinq journées d'Alger, avec les débris de son armée : en butte à la mousqueterie des Arabes, il a été contraint de se rapprocher du chef-lieu de sa province. Les scheicks de la province de Tittery paraissent peu disposés à obéir au bey ; plusieurs ont demandé à payer directement leurs contributions aux agens du gouvernement français : parmi ceux-là, il s'en trouve un qui, le 18 juin, s'est présenté à nos avant-postes pour annoncer que l'armée ennemie se disposait à une attaque générale pour le lendemain.

L'état sanitaire de l'armée est toujours le même : les dyssenteries sont nombreuses, mais il est rare qu'elles soient accompagnées de fièvre ; pas une maladie aiguë ne s'est déclarée. Des précautions ont été prises contre la communication de l'armée avec les pays suspects sous le rapport de la peste. On a établi sur le port d'Alger un bureau de santé auquel les bâtimens de commerce arrivant devront envoyer leurs patentes, et qui en délivrera lui-même à ceux qui feront voile vers l'Europe. Deux membres de l'intendance de santé de Marseille dirigent cet établissement. Il y a lieu d'espérer que le résultat de ces mesures sera d'abréger la quarantaine pour les provenances d'Alger. Je prie Votre Excellence d'appeler sur cet objet l'attention du ministre de l'intérieur.

Hier et aujourd'hui, j'ai passé la revue des troupes. Elles sont aussi belles qu'à l'ouverture de la campagne. Malgré la longueur de la traversée et l'activité avec laquelle l'artillerie a été employée aussitôt après le débarquement, les chevaux sont en bon état : on n'en a perdu qu'un petit nombre. Les officiers de cette arme s'occupent des détails de leur métier avec autant de scrupule qu'ils montrent de bravoure sur le champ de bataille (1).

A la Casauba, le 15 juillet 1830.

J'ai reçu la dépêche dans laquelle vous me faites con-

(1) Cette dépêche est la dernière qui ait été insérée au *Moniteur* : elle se trouve dans le numéro du 25 juillet.

naître les projets du gouvernement du roi sur la régence d'Alger. Je pense, comme vous, qu'il est convenable d'entrer en négociation pour fixer le sort des différentes parties de cet État, mais en écartant les prétentions des puissances dont l'intervention ne serait justifiée ni par des titres de possession ni par une coopération efficace à la conquête. Or, la France n'a point eu d'auxiliaire dans l'expédition qu'elle a entreprise, et la Porte est la seule puissance qui ait des droits à revendiquer. Pour elle, toutefois, la possession n'existait point de fait : elle devra ne voir dans nos concessions qu'une preuve de désintéressement. Mais le désintéressement n'irait-il pas trop loin, et des intérêts précieux ne seraient-ils pas compromis, si Alger cessait d'être occupé par les troupes françaises? Puisque la France doit avoir des établissemens en Afrique, il faut songer avant tout à les mettre à l'abri d'une attaque. Aujourd'hui, et il en sera de même long-temps encore, l'Angleterre peut seule nous inspirer quelqu'alarme. Comme puissance maritime, elle est formidable : une place presqu'inattaquable par mer serait donc pour nous d'une haute importance. Alger remplit cette condition : servies par des canonniers français, les batteries de mer rendraient l'attaque du port bien plus périlleuse que ne le fut celle de 1816. Quant à l'hypothèse d'une attaque par terre, elle semble devoir être écartée : une armée de quarante mille hommes serait à peine suffisante contre une garnison française de dix mille, et tout porte à croire que l'Angleterre serait incapable d'un pareil effort. Il faudrait des travaux longs et dispendieux pour que Bone, comme place forte, pût remplacer Alger ; avant que les travaux fussent terminés, une guerre avec l'Angleterre pourrait rendre très-critique la situation de notre établissement. Dans le cas où la paix ne serait point troublée, ce danger n'existerait pas; mais il serait important que l'occupation de quelques points de la côte d'Afrique ne devînt pas un fardeau pour la France : c'est ce qui aurait lieu si elle ne conservait qu'un territoire de peu d'étendue. Je suppose, au reste, que dans aucune hypothèse elle ne renoncerait à la souveraineté sur Constantine. Abandonner aux Turcs cette ville et son territoire, ce serait renoncer aux avantages que semble promettre le commerce intérieur de l'Afrique. Dans le cas où nous céderions cette dernière place à la Porte, ce ne serait qu'après avoir détruit ses défenses de terre et de mer; dès lors, elle n'aurait pas pour la Porte plus d'importance qu'un point quelconque du littoral.

Je pense que, dans la situation où la conquête a placé le gouvernement français, il donnerait une preuve suffisante de désintéressement en cédant à la Porte la province d'Oran. La France posséderait la province de Constantine, Alger et le territoire environnant. Les territoires des deux Etats pourraient avoir pour limites le Mazafran et la partie supérieure du cours du Scheliff. Les limites arrêtées, les revenus du territoire possédé par la France suffiraient dès à présent, si on s'en rapporte aux renseignemens déjà recueillis, à l'entretien d'un corps de dix à douze mille hommes. Ainsi l'occupation ne serait point onéreuse à la France : on a lieu de croire même que plus tard elle serait profitable. Quelques considérations d'une autre nature que celles que je viens de présenter à Votre Excellence me paraissent aussi pouvoir être invoquées. Les Maures nous ont vus avec confiance prendre possession de la ville d'Alger. Le départ du dey et des Turcs leur a paru être le signal de l'affranchissement, et ils n'ont pu dissimuler leur joie ; je les ai invités à organiser une commission municipale : ils l'ont fait. S'ils devaient retourner sous la domination des Turcs, je regretterais de les avoir compromis. Peut-être aussi trouverions-nous par la suite moins disposés à se déclarer pour nous ceux qui, en raison du partage projeté, seraient destinés à devenir sujets du roi.

J'ai la conviction que tous ceux qui font partie de l'armée d'expédition partagent l'opinion que je viens d'exprimer, et qu'ils attachent le plus grand prix à la possession d'une place qu'il suffit d'avoir vue pour en reconnaître l'importance.

A la Casauba, le 17 juillet 1830.

Le corps expéditionnaire que le gouvernement du roi a ordonné de diriger sur Bone ne tardera pas à s'embarquer ; il sera composé de deux régimens, les 6e et 49e, d'une batterie de campagne et d'une compagnie de sapeurs : M. le général Danremont en aura le commandement. La batterie ne sera pas attelée au moment du départ ; elle ne pourra l'être qu'après le retour des bâtimens-écuries qui se trouvent maintenant dans la rade de Toulon. Un approvisionnement de trente jours de vivres sera mis à terre en même temps que les troupes.

Les renseignemens que l'on a recueillis sur la situation de Bone ne laissent aucun doute sur le succès. Cette ville n'a point de garnison turque : des Maures en forment la population. Menacés d'être pillés par les Arabes qui les environnent, ils verront les Français avec confiance.

M. l'amiral Duperré doit mettre à ma disposition les moyens de transport nécessaires ; mais il n'a pas fixé encore le jour de l'embarquement. Quelques bâtimens du roi qui doivent faire voile vers Tripoli suivront jusqu'à la hauteur de Bone la même direction que le corps expéditionnaire ; ils sont destinés à exiger du bey des réparations.

On a lieu d'espérer que l'occupation de Bone décidera le bey de Constantine à se soumettre, et qu'il demandera à traiter aux mêmes conditions que celui de Tittery.

Dans le cas où la conquête devrait amener la chute du gouvernement actuel, peut-être les changemens ne devraient-ils s'opérer qu'avec lenteur. Il est dangereux de faire cesser brusquement l'empire de la crainte dans un pays où depuis plusieurs siècles il n'existe pas d'autre moyen d'autorité.

L'inventaire du trésor d'Alger est à peu près terminé. Une somme en or de 13,200,000 fr. a été chargée sur *le Marengo ; le Duquesne* rapporte en France 11,500,000 fr. en monnaie de même métal : total, 24,700,000 fr. Tout le reste est en lingots ou en monnaie d'argent dont la valeur est de 27,000,000 environ. Ainsi une somme de 52,000,000 aura été trouvée dans le trésor. Dix-neuf cents bouches à feu, dont plus de la moitié est en bronze, d'immenses approvisionnemens en poudre, plomb et projectiles, des magasins de laine considérables, les maisons et les métairies dont le gouvernement est propriétaire, présentent peut-être une valeur égale.

Dix-sept cents Turcs ont été embarqués ; tous ceux qui se trouvent encore à Alger sont mariés, et par conséquent autorisés à y rester.

A la Casauba, le 22 juillet 1830.

Le corps destiné à l'expédition de Bone doit s'embarquer demain de bonne heure. Il est vraisemblable que les bâtimens du roi, sur lesquels il doit faire la traversée, mettront à la voile le même jour. Aujourd'hui la batterie de campagne a été embarquée. Plusieurs obstacles ont retardé les préparatifs de la marine : le principal était le manque d'eau. Plusieurs des conduits qui portent de l'eau à Alger ont été rompus et ne sont point encore réparés. Cette circonstance s'est opposée à ce que les bâtimens s'approvisionnassent dans le port comme on a coutume de le faire. Rien n'a été changé aux dispositions dont j'ai eu l'honneur de rendre compte à Votre Excellence. M. le général Denys de Danremont a reçu des instructions dont Votre Excellence trouvera copie ci-jointe.

La ville de Bélida, la plus considérable de la régence après Alger, a été depuis quelques jours le théâtre de beaucoup de désordres. Les Arabes, qui l'ont pillée au commencement de la campagne, menacent de la piller encore. Une partie des habitans m'a fait demander protection. Il n'est pas inutile de faire voir aux populations de l'intérieur que les troupes sont toujours prêtes à s'éloigner du littoral. Cette considération m'a décidé à me porter moi-même à Bélida avec douze à quinze cents hommes, tant infanterie que cavalerie, et quatre pièces de campagne. La nature du terrain qui sépare cette ville d'Alger permet d'y conduire de l'artillerie. La grande fertilité des environs de Bélida donne à cette ville de l'importance : ses habitans sont les pourvoyeurs d'Alger. La plupart sont Maures : on y trouve aussi beaucoup de Juifs et de Koul-Ouglis ou fils de Turcs. Les Maures et les Juifs sont les plus industrieux ; mais, étrangers aux armes, ils sont considérés comme inhabiles à exercer le pouvoir dans un pays où la force matérielle est le seul moyen de gouvernement. Une longue habitude d'obéissance leur a fait partager cette opinion, et peut-être beaucoup de temps s'écoulera-t-il avant qu'elle soit détruite.

Un envoyé du bey d'Oran vient de débarquer à Alger. Ce bey est disposé à se soumettre. Il demande à conserver l'autorité qu'il exerçait, sous la condition de se reconnaître sujet de S. M., et de lui payer le tribut qu'il payait au dey d'Alger. Un officier d'état-major partira demain pour Oran : le bey recevra l'investiture après avoir signé un engagement semblable à celui qu'a pris le bey de Tittery. Cet évènement doit amener la prompte et entière soumission de toutes les parties de la régence.

Les Arabes montrent partout les dispositions les plus favorables. Deux soldats ivres avaient passé l'Aratch : les Arabes leur ont fait l'accueil le plus amical. Après trois ou quatre jours passés sous leurs tentes, les soldats sont revenus au camp, enchantés de la bienveillance de leurs hôtes. Les Arabes, qui ont l'habitude des armes, sont moins disposés que les Maures et les Juifs à obéir aux Turcs : ils préféreraient nous avoir pour maîtres. Cette disposition des esprits paraît devoir être un obstacle à ce que les anciens beys conservent long-temps l'autorité dont je n'ai pas cru devoir les dépouiller.

Une lettre du bey de Constantine a été interceptée. Sa position est plus critique qu'on ne l'avait supposé. Des tribus de Kabayles lui ont disputé avec succès le passage des défilés qui se trouvent entre Alger et Constantine : il n'ose se rapprocher ni de l'une ni de l'autre de ces villes. Parmi les Turcs qui l'accompagnent, cent cinquante ont été tués : presque tout le reste est dispersé.

On a fait le recensement des Turcs mariés qui sont restés à Alger : leur nombre s'élève à quinze cents. La position dans laquelle ils se trouvent, le grand nombre d'ennemis qu'ils comptent parmi les habitans, semblent une sûre garantie de leur soumission au gouvernement français.

Les opérations déjà exécutées dans les environs d'Alger ont prouvé que la partie topographique du travail du colonel Boutin laisse beaucoup à désirer. Le relief du terrain n'est pas plus fidèlement représenté que la position relative des lieux. Le colonel Boutin ne porte qu'à cent cinquante mètres la hauteur au-dessus de la mer, du point le plus élevé. Cette hauteur est presque double : un nivellement fait avec soin semble ne laisser aucun doute à cet égard. Les ingénieurs-géographes ont commencé le lever régulier du pays qu'occupe l'armée : ils déterminent, par des opérations astronomiques, la longitude et la latitude d'Alger. Une base a été mesurée sur la plage, près de l'embouchure de l'Aratch. Pour faire marcher plus rapidement les opérations, j'ai décidé que plusieurs aides-majors y prendraient part. Ces jeunes officiers, qui pendant la campagne se sont distingués par leur dévouement et leur intelligence, ont, après la cessation des hostilités, rendu des services d'un autre genre.

Les chaleurs, quoique supportables, ont augmenté le nombre des malades : on en compte quinze cents environ ; mais très-peu sont gravement atteints. Deux hôpitaux ont été établis à Alger ; M. l'intendant en chef s'occupe d'augmenter, sous ce rapport, les ressources de l'armée. Les rapports qui me sont parvenus sur la situation de l'hôpital de Mahon sont satisfaisans : déjà quatre à cinq cents malades sont guéris.

J'ai vu, avec une surprise que l'armée a partagée, une dépêche que M. le contre amiral Martineng a adressée au ministre de la marine, en date du 3 juillet. Trente mille témoins sont prêts à déposer contre ce qu'elle contient. Non seulement les faits sont controuvés, mais il y a dans les dates une confusion qui semble prouver que M. de Martineng n'avait pas la moindre connaissance des événemens postérieurs au 24. Je crois de mon devoir de réclamer contre des assertions qui, si le public y ajoutait foi, porteraient atteinte à l'honneur de nos armes. Comment a-t-on pu supposer qu'un camp retranché, défendu par six à sept cents Français, avait été emporté par des Arabes! qu'un bataillon avait été surpris et taillé en pièces! enfin que, sans un hasard heureux, un convoi aurait été enlevé! Jamais un de nos convois n'a été attaqué; les redoutes armées d'artillerie, qui avaient été construites sur la route, ont suffi pour que l'ennemi les respectât.

Parmi les autres inexactitudes de la dépêche, je signalerai une des plus remarquables. S'il faut croire M. le contre-amiral, la victoire du 24 a été long-temps disputée, et le combat a duré depuis deux heures du matin jusqu'à sept heures du soir. C'est à sept heures du matin que nos bataillons se sont ébranlés; il a suffi de leur apparition pour que l'ennemi prît la fuite : il n'y eut de résistance que sur la droite. A midi, l'armée avait pris position, à deux lieues du point de départ, sur le terrain qu'elle a occupé les quatre jours suivans. Cette fiction d'un combat de dix-sept heures a jeté l'effroi dans plusieurs milliers de familles; le nom d'un officier-général a accrédité l'erreur. Il serait à désirer que le ministre de la marine invitât M. de Martineng à être plus circonspect à l'avenir. C'est bien assez des journaux de l'opposition pour altérer les événemens de la campagne.

A la Casauba, le 28 juillet 1830.

Je suis parti pour Bélida le 23 juillet, comme j'avais eu l'honneur de l'annoncer à Votre Excellence. La distance qui sépare cette ville d'Alger est plus considérable que les itinéraires ne le font supposer. On doit conclure du temps qu'il a fallu pour la franchir, qu'elle est de onze à douze lieues de poste de France. Le détachement avec lequel je devais marcher avait bivouaqué pendant la nuit du 22 au 23, à deux lieues et demie d'Alger. Il se composait d'un bataillon du 2e régiment de marche, de huit compagnies de voltigeurs des 2e et 3e brigades de la 3e division, d'un escadron de chasseurs à cheval, de vingt-cinq sapeurs, de deux pièces de 8 et de deux obusiers de montagne. J'en avais donné le commandement au général Hurel; le colonel Bontemps-du-Barry marchait à la tête de l'escadron de chasseurs; vingt Arabes ou Maures s'étaient joints aux troupes françaises : tout sur la route semblait annoncer une entière soumission. Un grand nombre d'Arabes conduisaient à Alger des bêtes de somme chargées de vivres; la campagne était couverte de troupeaux. Le détachement traversa la vaste plaine de la Metidja, qui s'étend depuis les limites du terrain montueux dans lequel est située la ville d'Alger jusqu'au pied du petit Atlas. Cette plaine est comprise en partie dans le bassin de l'Aratch, en partie dans celui du Mazafran. La ligne qui sépare ces deux bassins est difficile à distinguer; l'aspect du pays semble annoncer qu'à une époque reculée la mer couvrait l'espace qu'occupe maintenant la Metidja, et que peu à peu cet espace avait été comblé par les alluvions des cours d'eau qui descendent de l'Atlas. Le sol de la plaine est d'une grande fertilité, mais il est inculte, et on se borne à y nourrir des troupeaux. Les seules maisons qu'on y aperçoive sont des métairies qui appartenaient au gouvernement. Des huttes ou des tentes servent d'abri aux Arabes.

Bélida est située au pied du petit Atlas; la chaîne à laquelle on a donné ce nom s'élève brusquement. On a lieu de croire que c'est l'Atlas lui-même. Les habitans affirment qu'il existe à l'est et à l'ouest de Bélida des ruines qui conservent de la neige toute l'année, ce qui semble annoncer une hauteur de quatre mille mètres. Lorsqu'on s'approche des montagnes, les aspects changent; leur pente septentrionale se présente couverte d'une riche végétation. Des ruisseaux nombreux en descendent; leurs eaux, réparties avec art, arrosent des jardins couverts d'orangers et d'autres arbres à fruits. Les dimensions des oliviers sont comparables à celles de nos chênes de France.

Presque tous les géographes ont porté à douze mille âmes la population de Bélida : elle est à peine égale au tiers. En 1823, un tremblement de terre a renversé toutes les habitations. Une grande partie de l'espace qui enveloppe l'enceinte est couverte de ruines.

Aucun habitant n'avait fui à notre approche. Une députation vint au-devant des troupes françaises jusqu'à une lieue et demie de la ville : partout elles trouvèrent des témoignages de confiance. Une heure après notre arrivée, un marché était établi près du camp. Les troupes s'établirent en dehors des jardins, pour être à l'abri d'une surprise. Quelques habitans dirent aux Arabes qui avaient marché avec nous, que, la veille, les Kabayles avaient tenté de pénétrer dans la ville, et qu'il fallait s'attendre à être attaqué par eux. Cependant la nuit fut parfaitement tranquille. Le 24 juillet, j'allai reconnaître le terrain en avant et à l'ouest de la ville. Pas un homme armé ne se présenta.

L'ordre avait été donné de partir à deux heures après-midi pour aller bivouaquer à trois ou quatre lieues sur la route d'Alger. Plusieurs habitans témoignèrent de vives inquiétudes : ils dirent aux interprètes que notre départ serait le signal du pillage de la ville. Au moment où on allait se mettre en marche, on aperçut des bandes nombreuses de Kabayles armés qui descendaient des montagnes. Bientôt des coups de fusil se firent entendre dans les jardins, que jusqu'alors nos soldats avaient parcourus avec une entière sécurité. A la faveur des haies, un coup avait été tiré presque à bout portant. Un de mes aides-de-camp, M. le commandant de Trélan, et trois ou quatre hommes isolés, furent tués ou blessés mortellement : quelques autres furent blessés. Il était deux heures. Les troupes commencèrent leur mouvement : aussitôt beaucoup d'hommes armés sortirent des jardins. Il paraît que les habitans s'étaient joints aux Kabayles, entraînés par la peur ou par des dispositions hostiles.

M. Chapelié, capitaine d'état-major, avait reçu l'ordre de devancer la colonne et de reconnaître un emplacement favorable pour le bivouac de la nuit suivante. Deux compagnies du 2e de marche et vingt-cinq chasseurs composaient son escorte : il fut vivement attaqué. L'ennemi s'étant approché à portée de pistolet, les compagnies le chargèrent à la baïonnette, atteignirent et tuèrent dix à douze Kabayles, et mirent le reste en fuite : les chasseurs s'élancèrent sur les fuyards, dont trente ou quarante restèrent sur la place. Les deux compagnies d'infanterie poursuivirent leur marche, et bientôt l'on aperçut dans toutes les directions des groupes de cavaliers. Il est vraisemblable que, connaissant la force du détachement avec lequel on marchait, l'ennemi avait espéré intercepter notre communication avec Alger. Plusieurs fois il s'approcha de nos flancs; chaque fois le colonel Bontemps le chargea et le mit en déroute; deux cents Arabes au moins furent tués à coups de sabre et de lance : il n'y eut de l'escadron qu'un homme tué et deux blessés.

Notre artillerie tira toutes les fois que les cavaliers arabes se groupèrent en assez grand nombre pour que son feu produisît de l'effet. Bientôt l'ennemi, intimidé par les charges de notre cavalerie, par le feu de l'artillerie et par celui des tirailleurs qui couvraient nos flancs, ne se présenta plus qu'à une distance considérable.

Deux Arabes, qui marchaient avec les troupes françaises, les avaient quittées après les premières attaques, dans l'espoir de déterminer leurs compatriotes à cesser les hostilités : étant revenus à la fin du jour, ils dirent que la principale tribu de la plaine avait fait cause commune avec les Kabayles; mais que, convaincue de l'impossibilité de lutter avec les troupes françaises, elle était prête à se soumettre, et que déjà elle s'éloignait. Les faits répondirent à cette assertion; le détachement ne fut inquiété ni pendant la nuit de son bivouac, ni le lendemain, lorsqu'il poursuivit sa route vers Alger.

Le nombre des Français tués dans la journées du 24 est de huit, et trente blessés, dont presque tous légèrement.

Le général Hurel se montra homme de guerre expérimenté; il retrouvait là une journée d'Egypte. Le général d'Escars m'avait accompagné : la confiance et l'affection qu'il inspire aux troupes de sa division, contribuèrent à leur donner le calme qu'elles montrèrent constamment au milieu du cercle d'ennemis dont elles étaient environnées.

Le camp de Sidi-Ferruch cessera demain d'être occupé; depuis la prise d'Alger, il avait perdu toute son importance : l'hôpital qui y avait été établi, le matériel de toute espèce qui s'y trouvait rassemblé, ont été des obstacles à ce qu'il fût abandonné plus tôt. La chaleur y a rendu l'air malsain. C'est là et à Staoueli que le nombre des malades a été proportionnellement le plus considérable. On a retiré, depuis quelques jours, les troupes qui étaient restées à Staoueli; elles sont maintenant campées dans les environs d'Alger.

L'état sanitaire de l'armée a empiré; quelques dyssenteries ont dégénéré en maladies d'épuisement, qui se terminent par la mort. Il y a des fièvres intermittentes, mais elles ne présentent point de symptômes qui puissent faire craindre des maladies contagieuses. On profite du départ de tous les bâtimens qui font voile vers la France, pour évacuer des malades sur les hôpitaux de Mahon ou de Toulon; dans ce moment, cent sont conduits à bord du *Nestor :* le même bâtiment portera dix millions de francs en pièces d'Espagne. M. le payeur général pense que la valeur de ce qui reste au trésor est à peine égale à cette somme.

A la Casauba, 1er août 1830.

Les Turcs célibataires m'avaient été signalés comme les plus dangereux; aussitôt après la prise d'Alger, l'ordre leur fut donné de s'embarquer : nés presque tous dans l'Asie-Mineure, ils furent transportés à Smyrne par des bâtimens du roi. Le nombre de ceux qui sont partis s'élève à près de deux mille. Neuf cents à mille Turcs mariés étaient restés en ville : parmi ceux-là se trouvaient les plus riches. On avait supposé que la crainte de compromettre leur fortune, ou de voir se rompre leurs liens de famille, répondrait de leur soumission ; il n'en a pas été ainsi : ceux qui avaient occupé des emplois élevés, regrettaient leur ancienne position. Plusieurs avaient long-temps, avec le titre de *kaïd*, représenté le gouvernement du dey auprès des principales tribus arabes ; ils profitèrent de l'influence qu'ils avaient conservée, pour entretenir des intelligences avec les scheiks, et parvinrent à leur persuader qu'une partie de l'armée d'expédition avait fait voile vers la France ; que les maladies avaient détruit une grande partie de ce qui était resté ; que les mosquées avaient été profanées, les femmes arrachées de leur retraite ; que la population d'Alger, révoltée de ces excès, était prête à prendre les armes : enfin, que le moment était venu d'exterminer les conquérans. C'est surtout à ces instigations qu'il faut attribuer les hostilités qui succédèrent brusquement aux apparences d'une complète soumission. Plusieurs Arabes furent arrêtés aux portes d'Alger, chargés d'armes et de munitions de guerre, qu'ils emportaient au-dehors : des Turcs leur avaient remis ces armes et ces munitions ; ils en avaient reçu de l'argent. Ceux qu'ils désignèrent avaient pris la fuite. On fut convaincu, par ces faits et par les notions que chaque jour nous donne sur les opinions et les usages des habitans, qu'ici la douceur et l'indulgence sont attribuées à la faiblesse, et que la présence des Turcs serait un obstacle insurmontable à l'établissement d'un nouvel ordre de choses. Dès le 29, on arrêta, et M. l'amiral Duperré fit conduire à bord de *l'Alcibiade* les quarante qui exerçaient le plus d'influence, ou qui étaient nos ennemis les plus déclarés. On signifia le lendemain, à tous les autres, qu'ils allaient être embarqués ; déjà six à sept cents l'ont été. Il est vraisemblable que, le 3 août, l'opération sera entièrement terminée ; beaucoup de femmes et d'enfans suivront leurs maris et leurs pères. La clause de la capitulation qui laisse aux Turcs la jouissance de leur fortune, sera observée ; mais on leur imposera une contribution de guerre.

Les formalités auxquelles la loi soumet les conseils de guerre, seraient trop lentes dans la position où se trouve l'armée. Chez les musulmans, la justice n'est pas seulement rigoureuse : son action est extrêmement rapide ; et c'est seulement lorsqu'elle a ce caractère, qu'elle produit une vive impression. Les commissions militaires et les conseils de guerre extraordinaires ont été abolis par la Charte ; mais ce sont les Français qu'elle affranchit de leur juridiction. J'ai cru devoir faire juger par des conseils de guerre extraordinaires les habitans qui seraient prévenus de connivence avec l'ennemi. Hier, plusieurs Arabes qui avaient été arrêtés ont comparu : deux ont été condamnés à mort, à l'unanimité ; trois autres n'ont été acquittés qu'à la majorité d'une voix.

On s'occupe de mettre en état de défense le fort de l'Empereur, dont l'explosion du magasin à poudre et le feu de nos batteries n'avaient renversé qu'une partie.

Les maisons de la ville sont extrêmement rapprochées des murs de la Casauba ; un espace plus considérable les en séparera. La Casauba ne communiquant pas directement avec la campagne, on vient d'ouvrir un passage qui rendra cette communication plus facile. Près du port, des rues extrêmement étroites rendaient difficile la mise en magasin des approvisionnemens de l'armée ; on les élargit :

ces travaux importans sont dirigés par le colonel Dupau, qui a remplacé le général Valazé dans le commandement du génie.

J'ai acquis la certitude que les Kabayles, avant de rentrer dans leurs montagnes, avaient pillé la ville de Bélida. Cette circonstance semble prouver qu'un très-petit nombre d'habitans avaient fait cause commune avec eux. Presque tous les habitans de la plaine ont cessé d'être en armes. Nos marchés sont abondamment approvisionnés.

Des navires chargés de subsistances étaient en rade depuis plusieurs jours; l'encombrement du port ne permettait pas qu'ils y entrassent : cet obstacle a cessé. M. l'amiral Duperré a fait sortir du port une partie des bâtimens algériens qui s'y trouvaient; douze navires vont y entrer.

Il est nécessaire qu'avant l'équinoxe l'approvisionnement de l'armée soit assuré pour plusieurs mois.

A la Casauba, le 2 août 1830.

J'ai annoncé à Votre Excellence que les Arabes prévenus d'intelligence avec l'ennemi, et dont la plupart avaient été arrêtés emportant d'Alger des armes et des munitions de guerre, avaient été traduits au conseil de guerre extraordinaire. Quoique l'abolition, prononcée par la Charte, de ces conseils de guerre, ne s'applique évidemment qu'aux Français, le droit d'en établir, même pour juger des Arabes révoltés, pourrait être contesté par l'esprit de parti. Il n'en serait pas de même de la juridiction prévôtale, qui est maintenue par la Charte. Une cour prévôtale aurait d'ailleurs l'avantage d'être permanente, tandis qu'un conseil extraordinaire spécial doit être formé pour chaque jugement. Je vous prie de soumettre au gouvernement du roi la proposition d'établir à l'armée d'Afrique une cour prévôtale. Dans le cas où cette proposition serait accueillie, une ordonnance royale déterminerait l'organisation, la composition et le mode de procédure.

P. S. N'oubliez pas que ce pays est accoutumé à une justice rapide, et que des formes lentes paraîtraient un signe de faiblesse. Il faudra que le grand-prévôt soit assisté de deux assesseurs pour prononcer le jugement et le faire exécuter sur le lieu même du délit flagrant. Nos lois ne conviendraient point aux peuples de ces contrées. Gardons-les pour nous, mais gardons-nous de les introduire trop tôt en Afrique : les formes lentes n'y conviennent pas encore.

A la Casauba, le 3 août 1830.

Le bey d'Oran, ainsi qu'il a été dit, avait offert de se soumettre au roi de France. Il fut répondu à ses messagers qu'il conserverait l'autorité aux mêmes conditions que le bey de Tittery. Mon fils aîné, le capitaine d'état-major Louis de Bourmont, est parti le 22 juillet pour lui remettre l'acte d'investiture, lorsqu'il aurait pris l'engagement d'être soumis et fidèle au roi.

Il paraît que les dispositions favorables qu'il avait manifestées à l'égard de la France ont fait éclater des révoltes parmi les peuplades arabes de l'intérieur : elles ont marché contre Oran. A leur approche, les habitans ont pris la fuite; mais, au lieu de trouver hors de la ville la sûreté qu'ils y cherchaient, ils furent complètement dépouillés. Le bey est resté avec sept à huit cents Turcs qui lui sont dévoués. La douceur avec laquelle il exerçait le pouvoir lui avait donné d'assez nombreux partisans.

A l'époque où mon fils arriva devant Oran, cette ville, les forts qui en défendent les approches, le fort de Mers-el-Kebir, situé à trois lieues vers l'ouest, et qui maîtrise une des meilleures rades de la côte septentrionale de l'Afrique, étaient encore au pouvoir du bey; mais les Arabes étaient campés à peu de distance. Jusqu'alors, le feu de la ville et des forts les avait contenus. Le bey toutefois craignait de ne pouvoir opposer une longue résistance. Il promit obéissance et fidélité, et exprima le désir d'être promptement secouru.

Ses huit cents hommes et lui n'avaient des vivres que pour quinze jours environ. Il ne peut pas mettre un grand prix à la conservation de son autorité. Son projet est de s'en démettre et d'aller terminer dans l'Asie mineure une carrière déjà fort avancée. L'occupation du fort de Mers-el-Kebir serait d'une grande importance pour la marine française. Dans le cas où l'ennemi serait maître d'Oran, elle permettrait de resserrer le blocus de cette ville, en offrant à la croisière un refuge assuré. C'est surtout en occupant les points d'embarquement que l'on peut obtenir la soumission de l'intérieur. Les habitans de la régence ne peuvent exporter que par mer les produits de leur sol. Ceux de l'ouest dirigent ces produits vers le port d'Oran et la rade de Mers-el-Kébir : la perte de ces débouchés doit bientôt les déterminer à demander la paix. Le fort de Mers-el-Kebir avait une garnison de quatre-vingts hommes qui le gardait mal, et parmi lesquels l'approche des Arabes avait causé beaucoup d'inquiétude et d'irrésolution. M. Leblanc, commandant du brick *le Dragon*, sur lequel le capitaine de Bourmont s'était rendu à Oran, jugea le moment favorable pour s'emparer du fort. Les bricks *le Voltigeur* et *l'Endymion* croisaient devant Oran. Cent dix hommes, pris dans les équipages de ces bâtimens, furent mis à terre ; ils se portèrent rapidement vers le fort, dont la porte était mal fermée, et s'en rendirent maîtres sans éprouver de résistance. M. le capitaine Leblanc laissa la garnison se retirer dans la ville. Le fort de Mers-el-Kebir est l'ouvrage des Espagnols ; la construction est d'une grande solidité. Les quarante-trois bouches à feu qui le défendent sont approvisionnées. Deux citernes donnent de l'eau de bonne qualité : les casernes sont en bon état.

Cet événement n'altéra point les bonnes dispositions du bey ; il continua de demander du secours. Le capitaine de Bourmont crut devoir venir rendre compte de ce qui s'était passé. *L'Endymion* et *le Voltigeur* restèrent mouillés dans la rade, à portée de protéger les cent soldats de la marine qui forment la garnison.

Dans cet état de choses, j'ai cru devoir diriger sur Oran le 21e régiment de ligne, une compagnie d'artillerie, un détachement de cinquante sapeurs et deux obusiers de montagne. Ces troupes sont commandées par M. le colonel Goutefrey, officier de beaucoup de capacité et d'expérience : elles embarqueront demain à dix heures. Dans le cas où le bey aurait repoussé les attaques des Arabes, on lui laisserait la défense de la ville, et le corps expéditionnaire n'occuperait que les forts. Si la ville et les forts qui la couvrent étaient au pouvoir de l'ennemi, on se bornerait à mettre dans le fort de Mers-el-Kebir une garnison suffisante. Le reste des troupes ferait voile vers Alger.

La soumission de Bone avait devancé l'arrivée de la brigade Danremont. Il est presque certain que les troupes françaises n'ont éprouvé aucune résistance. Le premier rapport du général Danremont ne m'est pas encore parvenu.

Plusieurs envoyés d'une tribu de Kabayles qui occupe les environs de Bugie, sont venus à Alger pour faire, au nom de cette tribu, acte de soumission ; ils ont demandé l'autorisation d'exporter par mer les produits de leur pays; elle leur a été accordée, sous la condition que le chef se reconnaîtrait sujet du roi de France, et qu'il verserait dans les trésors de l'armée les tributs qu'il payait au bey de Constantine.

Depuis quelques jours, l'état sanitaire de l'armée s'améliore; c'est du 15 au 31 juillet que les affections dyssentériques ont régné avec le plus d'intensité. Un petit nombre d'hommes a succombé. On avait remarqué parmi ceux qui en étaient atteints une assez forte disposition à la nostalgie: aussi beaucoup de malades, qui avaient été embarqués, ont-ils presque cessé de l'être en touchant le rivage de France.

A la Casauba, le 6 août 1830.

Les Kabayles sont encore sortis de leurs montagnes pour exercer des hostilités dans la Métidja. Fatigués de leurs pillages, les Arabes de la plaine ont couru aux armes, et un combat assez vif s'est engagé le 3 août, à deux lieues en deçà de Bélida. Les Arabes furent vaincus et poursuivis jusqu'au-delà de Sidi-Khalef. Après leur défaite, ils pillèrent un petit village situé dans la partie la plus élevée des collines qui dominent Alger. Cet événement prouve qu'on peut semer la dissension parmi les peuplades de l'intérieur. C'est par ce moyen que les deys parvinrent à faire dominer constamment leur autorité, quoique la force de la milice turque fût loin d'être proportionnée à la population de la régence. Les Kabayles ont enlevé dans la Métidja quelques milliers de bestiaux. Cette circonstance a diminué les ressources de l'administration; cependant de nouveaux achats de bœufs viennent d'être faits à des conditions avantageuses. Il est vraisemblable que l'appât du gain attirera les Kabayles eux-mêmes dans nos marchés : la nécessité de vendre a toujours été la meilleure garantie qu'on pût obtenir pour la soumission des habitans de l'intérieur.

Douze cents Turcs (hommes, femmes et enfans) ne tarderont pas à partir pour l'Asie mineure : ils seront transportés sur trois frégates. Les difficultés que l'on a éprouvées pour réunir les individus des mêmes familles, et les dispositions à prendre pour le paiement d'une contribution de guerre, ont retardé l'époque du départ : les aveugles et les hommes âgés de plus de soixante ans ont été seuls exceptés.

Deux cents canonniers ou pontonniers doivent s'embarquer demain sur la frégate *la Vénus* ; deux cent soixante chevaux d'artillerie partiront presqu'en même temps. Je saisirai cette occasion de diminuer le nombre des chevaux inutiles. Si les moyens offerts par la marine sont suffisans, on enverra en France tous ceux qui peuvent encore rendre de bons services : il y aurait de l'avantage à réformer les autres et à les vendre, quel que fût le prix obtenu. Jusqu'à présent, on n'a point trouvé ici des ressources en fourrages : c'est toujours avec le foin et l'avoine achetés en France qu'on nourrit les chevaux. Il est probable que bientôt cet état de choses aura un terme, et que l'on pourra faire en Afrique des achats d'orge et de paille.

J'ai annoncé à Votre Excellence qu'un bureau de santé avait été établi dans le port d'Alger pour empêcher la communication immédiate avec les provenances de pays suspects. On exécute rigoureusement les dispositions arrêtées.

J'espère obtenir aussi une réduction dans la quarantaine qui est maintenant imposée aux troupes venant d'Afrique. Je réclame de nouveau l'intervention de Votre Excellence auprès du ministre de l'intérieur.

Une somme de 3,000,000 va être embarquée sur la frégate *la Vénus* : c'est le dernier envoi de fonds que se propose de faire le payeur-général.

A la Casauba, le 8 août 1830.

Le ministre de la marine a demandé que le bronze des bouches à feu prises sur l'ennemi pendant la campagne, servît à élever dans le port de Toulon une colonne rostrale. Cette proposition a été approuvée par le roi, et je ne dois pas dissimuler que les troupes de l'armée de terre en ressentiront une vive douleur. Le nom de *colonne rostrale* semble indiquer que les pièces de canon qui sont envoyées en France ont été prises par l'armée navale. Cependant il est hors de doute que la marine n'en a pas pris une seule, qu'elle n'a pas attaqué une seule batterie, qu'elle n'a pas même été à portée des feux de l'ennemi, et que pas un boulet algérien n'a atteint un de nos vaisseaux; que, par la même raison, pas un projectile n'est tombé dans Alger; enfin, qu'une demi-compagnie a suffi pour s'emparer de trois batteries que la flotte avait canonnées sans succès.

La comparaison des pertes essuyées par les deux armées suffit pour faire apprécier leurs titres respectifs. Deux mille quatre cents hommes ont été mis hors de combat dans l'armée de terre ; un seul homme a été blessé dans l'armée navale. Je crois donc devoir, sous tous les rapports, réclamer contre cette dénomination de *colonne rostrale*, et supplier le roi de ne pas donner suite à ce rapport du ministre de la marine, dont les conclusions reposent sur une hypothèse inexacte.

S'il plaisait au roi de faire élever une colonne en mémoire de la prise d'Alger, je demanderais qu'après avoir été coulée avec la fonte des canons pris à Alger, on la plaçât sur la place des Invalides Elle pourrait porter le nom des régimens qui ont concouru à l'expédition ; mais elle ne serait pas nommée *rostrale*.

Depuis la conquête d'Alger, les journaux de l'opposition ont fait tous leurs efforts pour jeter dans les deux armées des germes de division : peut-être ce but a-t-il été en partie atteint. L'érection d'une colonne rostrale ne pourrait qu'accroître le mal et produire par la suite des querelles qui attristeraient le cœur paternel du roi.

A la Casauba, le 9 août 1830.

Un événement malheureux, mais de peu d'importance, a eu lieu depuis le départ de ma dernière dépêche. Aujourd'hui, une reconnaissance d'infanterie, qui revenait des bords de l'Aratch, a rencontré quelques Bédouins. Ceux-ci tirèrent quelques coups de fusil ; on marcha sur eux, et ils s'enfuirent avec précipitation. On les vit reparaître lorsque la reconnaissance eut recommencé à se rapprocher de son camp ; mais ils prirent de nouveau la fuite lorsqu'ils virent ce détachement s'avancer vers eux. On supposa que l'espoir de piller quelques maisons abandonnées les avait attirés entre l'Aratch et le camp de la division d'Escars. Nos reconnaissances ne franchissent pas l'Aratch. A l'époque de l'année où la chaleur est la plus vive, de fréquentes excursions faites dans la Métidja auraient fatigué les troupes et accru le nombre des malades. Après le mois d'août, ce danger aura cessé. Déjà l'intensité des maladies a diminué ; les dyssenteries sont moins nombreuses ; beaucoup de soldats sont atteints de fièvres intermittentes, contre lesquelles l'emploi du sulfate de quinine est un moyen de guérison presque certain. Il est presque sans exemple qu'elles aient dégénéré en fièvres pernicieuses, comme celles qui régnèrent en Morée. Le premier régiment de marche et le 3e de ligne sont les corps qui ont le plus souffert : on l'attribue au long séjour qu'ils ont fait dans le camp de Staouéli, où, malgré l'élévation du sol, l'air est malsain pendant les mois de juillet et août. Je ferai partir pour la France le premier régiment de marche aussitôt que la marine aura mis à ma disposition les moyens de transport nécessaires. L'organisation des régimens de marche a été déterminée, d'une part, par le désir de faire concourir l'infanterie légère à l'expédition d'Afrique ; d'autre part, par l'impossibilité où l'on se trouvait de former deux bataillons de guerre dans les régimens de cette arme ; mais elle a des inconvéniens qui se feront tous les jours plus vivement sentir. Je pense que les régimens de marche doivent être envoyés en France ou réduits à un seul fort bataillon.

Deux cent quatre-vingt quatre chevaux ont été embarqués hier ; cent cinquante pourront l'être encore dans quelques jours. Neuf cents à mille chevaux de trait ou mulets de bât suffiront désormais pour le service de l'artillerie, du génie et de l'administration. Ainsi, dans le cas même ou le régiment de chasseurs serait porté à six cents chevaux, le nombre total des chevaux pourra être réduit à moins de dix-huit cents. On va réformer ceux qui sont jugés impropres au service de guerre; ils seront vendus à vil prix. Quoi qu'il en soit, cette opération aura le double avantage de réduire les dépenses journalières et de faciliter la formation d'un approvisionnement de trois mois.

Les derniers Turcs seront embarqués après-demain. Immédiatement après, les bâtimens du roi qui doivent les transporter à Smyrne mettront à la voile. On a réduit à 250,000 fr. la contribution qui leur avait été imposée : il est douteux qu'elle soit acquittée.

J'envoie des levés du château de l'Empereur et des environs; les travaux du siége y sont tracés avec beaucoup d'exactitude; le terrain a été nivelé : les équidistances sont de deux mètres.

A la Casauba, le 15 août 1830.

M. le ministre de la guerre avait fait connaître le projet conçu par le gouvernement de faire occuper sur la côte d'Afrique les anciennes concessions françaises. La prise de possession de Bone devait devancer l'exécution complète de ce projet. Je reçus l'ordre d'y envoyer un corps de troupes; les 6e et 49e régimens de ligne, une compagnie d'artillerie, une compagnie de sapeurs, six pièces d'artillerie et deux obusiers de montagne furent embarqués le 25 juillet sur *le Trident*, *la Surveillante* et *la Guerrière*. Je confiai le commandement de ce corps à M. le général Danremont. La division navale, dont ces bâtimens faisaient partie, était sous les ordres de M. le contre-amiral Rosamel. Des vents contraires rendirent la traversée plus longue qu'on ne l'avait supposé. Ce fut le 2 août seulement que la division parut devant Bone. Déjà les habitans de cette ville, qui se trouvaient à Alger à l'époque de la capitulation, étaient arrivés avec M. Rambert, ancien agent français dans les concessions d'Afrique. Leurs exhortations, la nouvelle de nos succès, et surtout la crainte qu'ils avaient d'être pillés par les Arabes, avaient déterminé les habitans à se soumettre au roi de France. Ils virent en nous des protecteurs, et demandèrent avec de vives instances que la ville fût occupée sur le champ. M. de Rosamel fit ses dispositions, et le débarquement du personnel et du matériel s'opéra avec autant d'ordre que de promptitude. Le général Danremont fit occuper par le 6e de ligne le fort de la Casauba, qui est situé à trois cents mètres de la ville, sur une hauteur isolée. Le 49e prit position sur la route de Constantine. On trouva dans le fort, dans la ville et dans les batteries de côte cent trente-quatre pièces de canon.

Quelques jours avant l'arrivée des troupes françaises, des Kabayles et des Arabes s'étaient présentés en grand nombre. Leur chef avait, au nom du bey de Constantine, sommé les habitans de lui remettre la place; ils avaient bravé ses menaces et refusé de lui envoyer de la poudre. Ce fait est d'autant plus remarquable, que la population est réduite à quinze cents âmes. Les mouvemens des Kabayles et des Arabes, et les renseignemens recueillis par le général Danremont le convainquirent qu'il ne tarderait pas à être attaqué. Des redoutes, destinées à couvrir la position du 49e de ligne, furent construites et armées avec une extraordinaire célérité.

L'ennemi couvrait la campagne; mais, pendant plusieurs jours, il s'est borné à empêcher l'arrivée des subsistances. Le 6, ses forces s'étaient considérablement accrues, les troupes françaises l'attaquèrent avec la plus grande vigueur, et le mirent en déroute sur tous les points. Notre artillerie produisit le plus grand effet : elle tira plusieurs fois à mitraille. Le 7, l'ennemi reçut de nouveaux renforts, et le lendemain il marcha contre nos positions. L'attaque fut vive; mais l'intrépidité de nos soldats, le sang-froid des officiers, la fit échouer et la rendit très-meurtrière pour les assaillans. Le général Danremont m'écrit que la perte a été peu considérable, et que dans sa première dépêche il fera connaître le nombre des hommes mis hors de combat : le général Danremont se montre sous tous les rapports à la hauteur du commandement important qui lui a été confié.

J'ai rendu compte le 4, au ministre de la guerre, de l'occupation du fort de Mers-el-Kebir, de la position critique où se trouvait le bey d'Oran, et de la résolution que j'avais prise de faire occuper les forts qui couvrent cette ville par le 21e de ligne, une compagnie d'artillerie et un détachement de sapeurs.

M. le colonel Goutefrey fut chargé de diriger l'expédition. Les bâtimens sur lesquels s'embarquèrent les troupes sous ses ordres mirent à la voile le 5 août. Aucune dépêche du colonel Goutefrey ne m'est encore parvenue.

J'appris les évènemens dont Paris avait été le théâtre. Les choses pouvaient dans un moment changer de face pour l'armée d'expédition. La crainte que les hostilités commencées par l'escadre anglaise dans la Méditerranée ne rendissent extrêmement critique la situation des corps détachés à Bone et à Oran, me détermina à les rappeler. C'est d'Alger qu'ils doivent être approvisionnés. Beaucoup d'inconvéniens résultent de cette obligation ; ils deviendront plus grands encore lorsque les vents d'équinoxe auront rendu la navigation périlleuse à Alger même. Quoique cette ville ait un port, les arrivages et les déchargemens offriront bientôt de grandes difficultés. Dès ce moment, les subsistances qui sont déposées dans les magasins, ou que portent les bâtimens déjà mouillés dans le port, ne pourront suffire qu'à une consommation de cinquante jours. Il serait nécessaire que l'armée fût constamment approvisionnée pour quatre mois. L'intendant en chef, conformément aux instructions que je lui avais données, demanda que l'administration de la guerre pourvût directement aux besoins de l'armée d'expédition. Je suppose que déjà des dispositions ont été prises. Toutefois, les derniers évènemens ayant dû occasionner des retards dans l'expédition des affaires, j'ai cru devoir demander que la compagnie Sellières fît des achats pour un mois de subsistances. M. le sous-intendant Sermet a appelé sur cet objet l'attention de Votre Excellence.

Pour diminuer la consommation des fourrages, j'ai fait partir pour la France autant de chevaux que l'ont permis les moyens de transport mis à ma disposition ; mais ces moyens sont bornés, et M. l'amiral Duperré m'a fait connaître que de nouveaux affrètemens pour les bâtimens-écuries avaient été interdits par le ministre de la marine.

Quatre cents chevaux seulement pourront être conduits en France. Ce seront, en général, des chevaux d'artillerie jeunes encore, et dont on peut se servir utilement, même en temps de paix. On réforme tous ceux qui sont inutiles ou hors de service. Quelque peu élevé que soit le prix des ventes, j'ai pensé qu'il serait de l'intérêt de l'État d'affranchir l'administration de l'obligation de les nourrir à grands frais. Beaucoup d'officiers partant pour la France ne pourront faire embarquer leurs chevaux. Il paraîtrait juste de leur accorder une indemnité et de se servir de leurs chevaux pour porter au complet le régiment de chasseurs. Cette disposition a été prise en Morée. J'ai déjà fait connaître au ministre de la guerre que, dès à présent, sans que le service en souffrît, le nombre des chevaux pouvait être réduit : il s'élève encore à plus de trois mille.

J'ai déjà proposé plusieurs fois de retirer une partie considérable des troupes de l'armée d'expédition. Outre que d'importantes économies résulteraient de cette disposition, les difficultés relatives à la formation d'un approvisionnement d'hiver deviendraient beaucoup moindres. La force de l'infanterie peut être réduite à quatre brigades. Il suffirait d'avoir ici, avec ces quatre brigades, deux batteries montées d'artillerie de campagne, une batterie d'obusiers de montagne, deux batteries non montées, et trois ou quatre compagnies de sapeurs. Le corps d'occupation, ainsi composé, aurait pour chef un lieutenant-général investi du titre de gouverneur. J'ai pensé qu'il serait convenable de faire partir d'abord les régimens de marche qui avaient le plus souffert, et ceux qui avaient fait la campagne de Morée. Lorsque j'ai reçu la dépêche de Votre Excellence, en date du 2 août, le premier régiment de marche avait l'ordre de se tenir prêt à être embarqué. Le besoin de réduire l'armée me paraît plus pressant que jamais, et je prie Votre Excellence de concerter avec le ministre de la marine le transport des troupes que l'on jugera inutile de conserver ici. On ne pourrait songer à laisser l'armée telle qu'elle a été organisée pour la conquête, que dans le cas où l'on serait disposé à occuper une grande partie du littoral, et même à pénétrer dans l'intérieur.

Il sera toujours facile de s'emparer d'Oran, de Bugie, de Bone et de la Calle, qui, après Alger, sont les points de la côte les plus importans pour le commerce. Mais la nécessité d'approvisionner pour six mois chacun de ces points isolés, donnera lieu à beaucoup de difficultés et de dépenses.

Il ne faut pas perdre de vue que chaque mouvement que l'on voudrait faire vers l'intérieur exigerait que les troupes, à l'exception de la viande, apportassent leurs vivres, et que, par conséquent, on serait dans l'obligation de réunir de nombreux moyens de transports sur les différens points de départ. Cette considération me fait persister dans l'opinion que j'ai déjà exprimée, que c'était du littoral seulement qu'on devait songer à dominer l'intérieur du pays.

A la Casauba, le 17 août 1830.

Les armées de terre et de mer ont arboré aujourd'hui le pavillon tricolore. Les troupes ont quitté la cocarde blanche : elles prendront les nouvelles couleurs lorsque tous les corps pourront le faire à la fois.

La navigation des troupes destinées pour Oran a été ralentie par le calme et par les vents contraires. Ce fut le 12 seulement que la division navale qui les transportait arriva devant la baie d'Oran. Le colonel Goutefrey donna ordre à un officier de se rendre à terre, d'informer le bey de l'arrivée d'un corps français, et de l'engager à conserver le commandement.

Le bey persista dans l'intention de renoncer au pouvoir et de se retirer dans l'Asie-Mineure. On obtint toutefois qu'il différât son départ jusqu'à ce qu'un autre fût investi de l'autorité. Trois compagnies débarquèrent pour relever les marins qui formaient la garnison de Mers-el-Kébir.

Le 15, des ordres avaient été donnés pour que le débarquement du reste des troupes s'opérât, et pour que tous les forts fussent occupés, lorsque des dépêches, expédiées par le bâtiment à vapeur *le Sphynx*, firent connaître au colonel Goutefrey les nouvelles dispositions que j'avais prises. Le bey fut informé du mouvement rétrograde qui se préparait, et l'on mit à sa disposition une des frégates de la division navale. J'avais prescrit au colonel Goutefrey de faire sauter les forts du côté de la mer. On attendit, pour mettre à la voile, que l'ordre fût exécuté. Quatre cents hommes seulement, qui étaient passés sur le bâtiment à vapeur, entrèrent, dès hier soir, dans le port d'Alger. L'abandon de Bone et d'Oran m'impose l'obligation d'insister, plus vivement encore que je ne l'avais fait, sur la nécessité de réduire l'armée d'expédition. Bientôt les pluies d'automne ne permettront plus de faire camper les troupes. Alger offre très-peu de ressources pour le casernement. Les préjugés du pays s'opposent à ce que des mllitaires soient logés chez les habitans, et on ne pourrait les heurter sans soulever de violentes passions.

Le quartier-général va quitter la Casauba pour qu'une partie des troupes puisse s'y établir, mais il y aurait encore insuffisance si l'armée n'éprouvait pas de réduction. Je prie V. E. de me faire promptement connaître les intentions du gouvernement. Tant qu'il y aura incertitude à cet égard, les dispositions à prendre pour le couchage des troupes ne pourront être complètement déterminées.

Tout est tranquille aux avant-postes. Depuis huit jours aucune hostilité n'a été commise par les Arabes. Les habitans de la Métidja apportent plus de grains qu'ils ne l'avaient fait jusqu'à présent. Ce serait une précieuse ressource, si on avait des moyens de mouture. M. l'intendant de l'armée a demandé qu'on lui en envoyât de France. Les produits des moulins du pays sont une espèce de gruau très-différente de nos farines.

Le bey de Constantine, depuis la prise d'Alger, n'a pu rentrer dans le chef-lieu de sa province. Un Koul-Oglou y exerce le pouvoir. Le bey, avec ce qu'il a conservé de troupes, est resté dans les montagnes où se trouve le défilé connu sous le nom de *Porte-de-Fer*.

Le ministre de la guerre a demandé l'état nominatif des hommes tués, blessés et morts de leurs blessures ; il a été difficile de réunir les documens nécessaires : ceux qui ont été adressés de Mahon à l'intendant en chef, font connaître le nombre des hommes morts de leurs blessures; mais ils ne les désignent pas nominativement. Ce dernier renseignement pourra être attendu long-temps encore ; j'ai cru, en conséquence, devoir comprendre les documens qui ont été recueillis, dans les derniers états que j'ai l'honneur d'adresser à Votre Excellence.

Alger, le 21 août 1830.

La lettre par laquelle Votre Excellence me fait connaître les évènemens dont Paris a été le théâtre, et m'adresse l'ordre de faire arborer dans l'armée d'Afrique le pavillon tricolore, est la seule que j'aie reçue de Votre Excellence. J'ai annoncé l'exécution de cet ordre.

Depuis le départ de ma dernière dépêche, notre situation militaire est toujours la même; les Arabes ont quitté l'attitude hostile qu'ils avaient prise un moment. Depuis quinze jours environ, pas un coup de fusil n'a été tiré. On assure que plusieurs scheiks se sont réunis, et qu'ils se disposent à demander notre alliance : ce fait serait d'autant plus remarquable, que, depuis l'expulsion des Turcs d'Alger, ceux de l'intérieur font tous leurs efforts pour déterminer les Arabes à continuer la guerre. La conduite du bey de Tittery paraît équivoque; cependant il n'a point commis d'hostilités.

Les corps expéditionnaires d'Oran et de Bone ne sont pas encore arrivés; le dernier, qui était en présence de l'ennemi, a dû éprouver quelques difficultés pour s'embarquer. Le retour du premier n'a dû être retardé que par des vents contraires.

Depuis que les chaleurs sont vives et presque continues, et surtout que le repos a succédé à une grande activité, un grand nombre de militaires de l'armée a été atteint de la diarrhée; les officiers n'y ont pas échappé plus que les soldats. Cette maladie, en général, n'est pas dangereuse : un régime sévère est un moyen de cure presque infaillible; mais l'affaiblissement moral et physique qui résulte de cette affection, produit presque toujours la nostalgie. Cette disposition s'accroît encore en raison de la triste existence des officiers, de l'impossibilité d'aucune espèce de relations avec les habitans. Aussi, depuis un mois, les demandes de rentrer en France sont-elles devenues extrêmement fréquentes : j'en ai accueilli quelques-unes; j'ai écarté les autres, en laissant, à ceux qui les avaient faites, espérer que bientôt l'organisation d'un corps d'occupation permettrait de diminuer le nombre des officiers. Je suis convaincu qu'il est dans l'intérêt du gouvernement de ne refuser que rarement l'autorisation de partir, et de faire remplacer ceux qui ont fait la campagne par d'autres qui arriveraient pleins de force et d'ardeur : pour ceux-ci, il serait nécessaire de créer quelques moyens de distraction, comme des cabinets de lecture, des concerts, et même, s'il était possible, des représentations théâtrales.

Alger, le 21 août 1830.

J'ai annoncé aujourd'hui à Votre Excellence que, depuis quelque temps, l'attitude du bey de Tittery paraissait équivoque. Je lui avais écrit pour l'engager à se rendre à Alger; il vient de me répondre par une déclaration de guerre, dont l'expulsion des Turcs est le prétexte. Il a pris, comme le bey de Constantine, le titre de *pacha*. « Deux cent mille hommes marchent, dit-il, sous ses ordres. » Ses attaques sont peu redoutables, et l'armée les attend avec une confiance qui ne s'est jamais démentie.

Des rapports que j'ai reçus semblent annoncer que ce bey cherche des alliés parmi les Arabes. Zamon, le chef d'une tribu qui se trouve à l'est d'Alger, avait paru disposé à se rapprocher de nous : on assure qu'il a changé de langage, et qu'il appelle aux armes les Arabes de cette tribu. Le plus grave inconvénient de cette levée de boucliers serait d'empêcher l'arrivée des bestiaux nécessaires à l'approvisionnement de l'armée. Depuis quelques jours, il en venait un grand nombre : ce moyen d'approvisionnement est, sans contredit, le moins dispendieux ; mais peut-être n'offre-t-il pas, dans les circonstances où se trouve l'armée, des garanties suffisantes. La compagnie Sellières avait déjà fait, à Tunis et sur d'autres points du littoral, des achats que des motifs d'économie avaient décidé à faire cesser : peut-être serai-je dans l'obligation d'avoir, de nouveau, recours à ce moyen, ou du moins de réunir tous les documens propres à déterminer la décision de mon successeur.

Alger, le 23 août 1830.

Ma dernière dépêche annonçait à Votre Excellence que le bey de Tittery m'avait adressé une déclaration de guerre. Depuis lors, j'ai reçu quelques renseignemens sur sa position; le nombre des Turcs qu'il a pu retenir ne s'élève pas à plus de huit cents. Ses ordres et ses menaces ont fait prendre les armes à quelques tribus arabes; il est vraisemblable que leur intérêt ne tardera pas à les leur faire quitter. Cent Bédouins à cheval, et quelques autres à pied, se sont avancés hier jusqu'à peu de distance d'Alger, et ont enlevé un troupeau de bœufs qui appartenait au juif Bakri, et qui devait être vendu pour l'armée. Nous avons à déplorer un évènement beaucoup plus malheureux : tout était, depuis quelque temps, tranquille aux avant-postes; le colonel Frescheville, qui commandait le premier régiment de marche, crut pouvoir sans danger s'avancer jusqu'à l'embouchure de l'Aratch, accompagné seulement d'un officier; on vient de retrouver leurs corps sans vie. M. de Frescheville est le seul officier supérieur de la ligne qui ait péri depuis l'ouverture de la campagne; il avait été blessé au combat du 24 juin : sa bravoure, et l'exactitude rigoureuse avec laquelle il remplissait ses devoirs militaires, le font vivement regretter.

Les bâtimens destinés à transporter le corps expéditionnaire d'Oran sont entrés hier dans la rade ; le débarquement s'est opéré aujourd'hui. Le bey d'Oran et les sept cents Turcs, après quelques hésitations, n'ont point profité de l'offre qu'on leur a faite de les conduire dans l'Asie-Mineure. Le blocus d'Oran étant levé, ils conçurent l'espoir de faire la paix avec les Arabes. Le bey a déclaré, au moment du départ du corps expéditionnaire, qu'il restait soumis à la France, et qu'il remplirait rigoureusement tous les engagemens qu'il avait pris : mais il est douteux qu'il puisse conserver long-temps son autorité.

La milice turque doit être considérée comme détruite; et il paraît impossible que l'ancien état de choses se rétablisse. Cinq mille Turcs, à peine, se trouvent maintenant dans toute l'étendue de la Régence : il est vraisemblable que les Arabes, cessant de les craindre, leur feront la guerre, ne fût-ce que pour les dépouiller. Des intelligences pratiquées dans l'intérieur du pays pourront hâter le moment où la division éclatera parmi eux; on pourrait même, dès à présent, y trouver des auxiliaires. Il existe, dans les montagnes situées à l'est d'Alger, une peuplade considérable qui donne des soldats aux gouvernemens d'Afrique qui veulent la soudoyer; les hommes dont elle se compose se nomment *Zouaves*. Deux mille m'ont offert leurs services; cinq cents sont déjà réunis à Alger. J'ai cru devoir suspendre leur organisation jusqu'à l'arrivée de mon successeur : je lui ferai part de tous les renseignemens que j'ai recueillis, tant pour cet objet que pour tout ce qui peut intéresser l'armée.

On continue d'embarquer les bouches à feu en bronze

qui ont été jugées inutiles à la défense d'Alger. Déjà deux cent cinquante ont été expédiées pour la France ; elles sont toutes de gros calibre ; il en est dont le poids s'élève à plus de 12,000 kilogrammes.

Alger, le 25 août 1830.

La division navale qui devait transporter à Alger le corps expéditionnaire de Bone est entrée ce matin dans la rade d'Alger ; le débarquement des troupes s'opérera demain. Les dernières nouvelles que j'ai reçues du général Danremont, et que j'ai transmises à V. E., étaient du 10 août : depuis cette époque, les troupes françaises ont eu de nouvelles occasions de prouver leur intrépidité. Les mouvemens des Arabes, pendant la journée du 11, avaient annoncé au général Danremont qu'il ne tarderait pas à être attaqué ; toutes les troupes se tinrent prêtes à prendre les armes au premier signal. Les pertes que nos pièces avaient fait éprouver à l'ennemi le décidèrent à tenter une attaque de nuit. Il était sans exemple, depuis le commencement de la campagne, que les Arabes eussent pris une semblable résolution. Parmi les tribus qui s'étaient réunis dans les environs de Bone, on distinguait celle des Berbères, une des plus considérables et des plus belliqueuses.

Le 11, à onze heures et demie du soir, quelques coups de fusil, partis de la place, annoncèrent l'approche de l'ennemi ; une redoute, où se trouvait le général Danremont, couvrait le front de notre position ; à la faveur de l'obscurité, de quelques plis de terrain, et de bois qu'on n'avait pas eu le temps de couper, les Arabes évitèrent le feu de cet ouvrage et s'approchèrent d'une autre redoute, construite un peu en arrière, et qui n'était point encore dans un état complet de défense. Une faible distance les en séparait, lorsqu'ils s'élancèrent vers les parapets en poussant de grands cris. Un feu très-vif de mousqueterie et d'artillerie les eut bientôt forcés à la retraite. Cet échec n'avait point abattu leur courage. A une heure du matin, les attaques furent renouvelées avec plus de vigueur encore. Quelques Arabes franchirent le fossé de la première redoute et se firent tuer à coups de baïonnette, sur les parapets et dans les embrâsures. La bravoure calme de nos soldats fit échouer cette nouvelle tentative, et l'ennemi, découragé, s'enfuit en désordre. On compte sur les parapets, dans les fossés et sur les terrains environnans, quatre-vingt-six Arabes morts. Tous les blessés, et probablement quelques cadavres, avaient été enlevés. L'expérience nous a prouvé qu'ils étaient capables des plus grands efforts pour ne laisser à l'ennemi ni leurs morts ni leurs blessés. Le beau-frère du bey de Constantine est resté parmi les morts. Le corps expéditionnaire a eu à regretter deux canonniers, un sergent du 49e de ligne et un fusilier du 6e, tous tués à leur poste ; dix ou douze hommes ont été atteints de blessures généralement peu graves ; cette différence entre les pertes doit être surtout attribuée au soin qu'avait eu M. le général Danremont de faire couvrir toutes les troupes par des retranchemens depuis l'époque du débarquement. Nos soldats avaient constamment employé à remuer de la terre le temps pendant lequel ils n'avaient pas combattu.

Les pertes qu'avait éprouvées l'ennemi pendant la nuit du 11 au 12 août le rendirent plus timide; il ne fit plus d'attaque sérieuse ; toutefois des bandes nombreuses continuèrent à se montrer dans le pays qui entoure la ville de Bone. L'ordre que j'avais envoyé au général Danremont de revenir à Alger, lui parvint le 18 août au soir. Les bâtimens nécessaires pour le transport des troupes étaient prêts à les recevoir. De sages mesures furent prises par les commandans des forces de terre et de mer pour que l'embarquement du matériel s'opérât avec ordre et sans accident. Une brise très-forte le rendit plus lent qu'on ne l'avait supposé, et ce ne fut que le 20 au soir que les troupes purent commencer à s'embarquer. Les compagnies d'élite, commandées par le colonel Magnan, ne quittèrent la ville que le 21 à onze heures du matin ; elles eurent à repousser jusqu'au dernier moment les efforts de l'ennemi, qui s'était renforcé, et qui occupait nos positions à mesure qu'elles étaient abandonnées ; les troupes françaises n'éprouvèrent aucune perte. Cet heureux résultat fait le plus grand honneur au général Danremont, qui, pendant cette courte, mais laborieuse expédition, montra autant de sagesse dans ses dispositions que de vigueur sur le champ de bataille. Je renouvelle la demande que j'ai déjà faite en sa faveur du grade de lieutenant-général. Il fait le plus grand éloge du colonel Magnan, dont j'ai plusieurs fois cité la brillante conduite ; je demande pour lui le grade de maréchal-de-camp.

Alger, le 28 août 1830.

J'ai rendu compte à V. E. des combats que les troupes françaises avaient eu à soutenir pendant leur séjour à

Bone. Les nouveaux renseignemens que j'ai reçus de M. le général Danremont prouvent que, jusqu'au dernier moment, la population a montré les dispositions les plus favorables ; elle a aidé nos soldats dans les travaux d'embarquement. Les dernières barques allaient s'éloigner, lorsque des habitans firent signe à ceux qu'elles transportaient de suspendre leur départ ; elles se trouvaient au pied d'un rocher. Un canonnier français, qui était resté dans la ville, fut descendu dans une de ces barques à l'aide de sangles et de cordes. Le 10, et dans la nuit du 11 au 12 août, des Maures de Bone ont combattu vaillamment avec nos troupes ; ils ont demandé qu'on leur laissât de la poudre, en s'engageant à défendre leur ville jusqu'à la dernière extrémité. Le général Danremont a accueilli leur demande. Il a pensé que, dans le cas où le gouvernement croirait devoir ordonner la réoccupation de Bone, il serait avantageux de trouver cette ville au pouvoir d'une population armée. Les habitans manquent de vivres, et le défaut de communications avec l'extérieur fait craindre que le mal ne s'aggrave. Il existe dans les magasins de la régence d'Alger des grains avariés ; on doit en transporter une partie à Bone, et, avec le produit de la vente, l'administration pourra faire acheter sur le marché d'Alger des blés de bonne qualité. Ainsi cette disposition, en même temps qu'elle sera politique et généreuse, aura pour l'armée un avantage réel. La frégate *l'Indépendante* a mis aujourd'hui à la voile ; elle transporte au lazaret de Marseille cent soixante-dix malades, cent cinquante autres partiront demain par *la Thémis*. Il y a encore beaucoup de fiévreux, mais les maladies ont moins d'intensité. Beaucoup d'officiers, qui sont malades, avaient demandé à être embarqués sur l'une des deux frégates. J'ai été dans l'obligation de rendre plus sévères les dispositions qui doivent constater la nécessité de leur rentrée en France. Les déclarations des médecins ne doivent plus être regardées comme des garanties suffisantes ; il a fallu que les chefs de corps intervinssent. Il est difficile de se figurer avec quelle force la nostalgie s'empare de quelques individus ; la rareté des nouvelles de France accroît encore le mal. Le dernier courrier est arrivé le 20 août ; il n'apportait qu'un petit nombre de lettres. Une dépêche télégraphique qu'il a transmise à M. l'amiral, annonce que le général Clauzel vient prendre le commandement de l'armée d'Afrique. J'appelle son arrivée de tous mes vœux, convaincu que, dans les circonstances actuelles, elle doit exercer une heureuse influence sur le moral des troupes.

Les bâtimens chargés de chevaux d'officiers et de chevaux d'artillerie sont partis aujourd'hui pour Marseille. Les chevaux d'artillerie ont été choisis parmi ceux qui peuvent faire un bon service dans les batteries montées des régimens. Trois bâtimens-écuries sont encore à la disposition de l'armée. M. l'amiral m'a fait connaître que ce seraient les derniers. Il est vraisemblable que l'organisation d'un corps d'occupation moins considérable que l'armée expéditionnaire, déterminera le départ de beaucoup d'officiers montés. Si les moyens de transport manquent pour leurs chevaux, le gouvernement trouvera juste sans doute de leur accorder une indemnité, comme on l'a fait en Morée. J'ai déjà eu l'honneur de proposer à V. E., ou de noliser de nouveaux bâtimens, ou de prendre les chevaux d'officiers reconnus propres au service de la cavalerie, comme chevaux de remonte pour le régiment des chasseurs d'Afrique. Cette disposition, favorable aux officiers, ne serait pas sans avantage pour l'armée, si on faisait des excursions dans l'intérieur du pays, et surtout dans le plaine de la Métidja. Cent cavaliers, montant des chevaux vites, et qui, soutenus par quelques pelotons, chargeraient en fourrageurs, feraient beaucoup de mal à l'ennemi. Toutefois, il serait plus juste de faire revenir ici quelques bâtimens-écuries, afin de pouvoir transporter en France tous les chevaux de prix des officiers généraux et supérieurs qui voudraient les conserver : cela se ferait aisément et sans beaucoup de frais, puisqu'il suffirait de prolonger de quinze jours ou d'un mois les nolis de quelques bâtimens-écuries.

J'attends avec impatience que V. E. me fasse connaître les dispositions qu'elle a prises pour assurer les subsistances de l'armée jusqu'à la fin de 1830. Nos approvisionnemens en farines suffiraient pour la consommation de deux mois, à raison de trente-cinq mille parties prenantes. Les approvisionnemens en vin sont un peu moins considérables. Les achats de viandes fraîches continuent à se faire sur les lieux ; ce moyen est le plus économique ; mais je n'ai pas dissimulé à V. E. qu'il n'offrait pas pour l'avenir toutes les garanties désirables.

Alger, 1er septembre 1830.

Je viens de lire dans quelques journaux des nouvelles de l'armée d'Afrique qui sont propres à jeter l'alarme dans les familles de trente mille Français. Leur inexactitude me fait regretter que le gouvernement n'ait pas publié les rapports que j'ai adressés au ministre de la guerre depuis le 8 juillet, et particulièrement celui qui est relatif à la reconnaissance de Bélida. Les relations qui ont paru dénaturent les faits autant qu'elles exagèrent nos pertes. Quelques journalistes semblent avoir à cœur de repousser ce que la France peut devoir de gloire à l'armée d'Afrique, et de présenter comme des échecs d'honorables combats. A les entendre, nos troupes, dans la journée du 24 juillet, n'ont échappé au fer ennemi que par une prompte retraite. Jamais un corps n'a manœuvré avec plus de calme, n'a été plus constamment maître de ses mouvemens. L'ennemi a été attaqué dix fois, et toujours il a été battu et mis en fuite. Loin de chercher à l'éviter, les troupes ont bivouaqué à une distance égale d'Alger et de Bélida. Ni pendant la nuit ni le jour suivant un Arabe ne se présenta.

On dit que toutes les tribus de la régence sont sous les armes, et que jamais les hostilités n'ont été plus vives. Depuis un mois, pas une attaque sérieuse n'a eu lieu.

Les intelligences qu'avaient conservées les Turcs d'Alger avec les Kabayles ont rendu nécessaire l'expulsion des premiers. Au lieu de faire un récit fidèle de ces évènemens, on a écrit que tout était en feu, et que pendant trois jours on s'était battu dans Alger. J'oppose à cette assertion un fait remarquable, c'est que depuis l'entrée des Français dans cette ville, quoique les rues soient étroites, sinueuses et obscures, pas un d'eux n'y a été frappé.

Le *Courrier Français* n'a pas été plus véridique en parlant de l'état sanitaire de l'armée. Il porte à douze mille le nombre des hommes moissonnés par le fer de l'ennemi ou par les maladies. Ce nombre s'élève à peine à douze cents. Les malades sont nombreux, il est vrai, mais c'est à des chaleurs vives et prolongées qu'il faut l'attribuer. Depuis le débarquement, les distributions se sont faites avec une grande régularité. Je doute que dans aucune campagne il y ait eu moins à désirer sous ce rapport. Ainsi, l'insinuation est aussi fausse que perfide. Quant à la force de l'armée, l'état de situation au 15 août vous l'a fait connaître. L'effectif était de plus de trente-cinq mille hommes ; vingt-huit mille neuf cent soixante-quinze étaient présens sous les armes.

J'ai reçu l'avis officiel de M. le général Clauzel. J'attends avec une vive impatience le moment de lui remettre le commandement. Il est urgent que son arrivée fasse cesser les inquiétudes qu'éprouve l'armée sur sa situation.

ORDRES DU JOUR.

Toulon, le 10 mai 1830.

SOLDATS !

L'insulte faite au pavillon français vous appelle au-delà des mers ; c'est pour le venger, qu'au signal donné du haut du trône vous avez tous brûlé de courir aux armes, et que beaucoup d'entre vous ont quitté avec ardeur le foyer paternel.

A plusieurs époques, les étendards français ont flotté sur la plage africaine. La chaleur du climat, la fatigue des marches, les privations du désert, rien n'a pu ébranler ceux qui vous y ont devancés. Leur courage tranquille a suffi pour repousser les attaques tumultueuses d'une cavalerie brave, mais indisciplinée ; vous suivrez leurs glorieux exemples.

Les nations civilisées des deux mondes ont les yeux fixés sur vous ; leurs vœux vous accompagnent. La cause de la

France, est celle de l'humanité; montrez-vous dignes de votre noble mission. Qu'aucun excès ne ternisse l'éclat de vos exploits; terribles dans le combat, soyez justes et humains après la victoire; votre intérêt le commande autant que le devoir.

Trop long-temps opprimé par une milice avide et cruelle, l'Arabe verra en nous des libérateurs. Il implorera notre alliance; rassuré par votre bonne foi, il apportera dans nos camps les produits de son sol. C'est ainsi que, rendant la guerre moins longue et moins sanglante, vous remplirez les vœux d'un souverain aussi avare du sang de ses sujets que jaloux du bonheur de la France.

Soldats! un prince auguste vient de parcourir vos rangs; il a voulu se convaincre lui-même que rien n'avait été négligé pour assurer vos succès et pourvoir à vos besoins. Sa constante sollicitude vous suivra dans les contrées inhospitalières où vous allez combattre. Vous vous en rendrez dignes, en observant cette discipline sévère qui valut à l'armée qu'il conduisit à la victoire, l'estime de l'Espagne et celle de l'Europe entière.

Le lieutenant-général, pair de France, commandant en chef l'armée d'expédition d'Afrique,

Comte DE BOURMONT.

Au quartier-général de Sidi-Ferruch, le 20 juin 1830.

Les troupes de l'armée d'expédition, dans les journées du 14 et du 19 juin, ont répondu à l'attente du roi, et déjà elles ont vengé l'insulte faite au pavillon français. La milice turque avait cru qu'il était aussi facile de nous vaincre que de nous outrager ; une entière défaite l'a désabusée, et c'est désormais dans l'enceinte d'Alger que nous aurons à la combattre. Déjà beaucoup d'Arabes retournent dans leurs foyers, d'où la terreur les avait seule arrachés. Bientôt ils reviendront pour nous vendre leurs troupeaux et porter l'abondance dans nos camps. Le général en chef rappelle à l'armée que les Arabes doivent y trouver un accueil amical, et que tous les marchés conclus avec eux doivent être exécutés consciencieusement.

Les troupes de toutes les armes ont rivalisé de dévouement. L'administration, par la sagesse de ses dispositions, par les soins qu'elle donne aux blessés, a aussi droit à des éloges.

Le général en chef fera valoir auprès du gouvernement les services de tous. Il réclamera les bontés du roi pour ceux qui s'en seront rendus les plus dignes.

Toutes les fois que l'armée a combattu, le feu des bâtimens du roi a appuyé ses mouvemens et a puissamment contribué aux succès que nous avons obtenus.

Alger, le 6 juillet 1830.

La prise d'Alger était le but de la campagne ; le dévouement de l'armée a devancé l'époque où il semblait devoir être atteint. Vingt jours on suffi pour la destruction de cet Etat dont l'existence fatiguait l'Europe depuis trois siècles. La reconnaissance de toute les nations civilisées sera pour l'armée d'expédition le fruit le plus précieux de ses victoires. L'éclat qui doit en rejaillir sur le nom français aurait largement compensé les frais de la guerre ; mais ces frais mêmes seront payés par la conquête. Un trésor considérable existe dans la Casáuba. Une commission, composée de M. l'intendant en chef, du général Tholozé et de M. le payeur-général, est chargée par le général en chef d'en faire l'inventaire ; elle s'occupe de ce travail sans relâche, et bientôt le trésor conquis sur la régence ira enrichir le trésor français.

A la Casauba, le 11 août 1830.

Des bruits étranges circulent dans l'armée. Le maréchal commandant en chef n'a reçu aucun avis officiel qui puisse les accréditer. Dans tous les cas, la ligne des devoirs de l'armée lui sera tracée par ses sermens et la loi fondamentale de l'Etat.

A la Casauba, le 16 août 1830.

Sa Majesté le roi Charles X et M. le Dauphin ont, le 2 août, renoncé à leurs droits à la couronne en faveur de monseigneur le duc de Bordeaux. Le maréchal commandant en chef transmet à l'armée l'acte qui comprend cette double abdication, et qui reconnaît monseigneur le duc d'Orléans comme lieutenant-général du royaume.

Lettre du roi Charles X à Mgr le duc d'Orléans.

Rambouillet, 2 août 1830.

Mon cousin, je suis trop profondément peiné des maux qui affligent, ou qui pourraient menacer mes peuples, pour n'avoir pas cherché un moyen de les prévenir. J'ai donc pris la résolution d'abdiquer la couronne en faveur de mon petit-fils le duc de Bordeaux.

Le Dauphin, qui partage mes sentimens, renonce aussi à ses droits en faveur de son neveu.

Vous aurez donc, en votre qualité de lieutenant-général du royaume, à faire proclamer l'avènement de Henri V à la couronne. Vous prendrez d'ailleurs toutes les mesures qui vous concernent pour régler les formes du gouvernement pendant la minorité du nouveau roi. Ici, je me borne à faire connaître ces dispositions ; c'est un moyen d'éviter encore bien des maux.

Vous communiquerez mes intentions au corps diplomatique, et vous me ferez connaître le plus tôt possible la proclamation par laquelle mon petit-fils sera reconnu roi sous le nom de Henri V.

Je charge le lieutenant-général vicomte de Foissac-Latour de vous remettre cette lettre. Il a ordre de s'entendre avec vous pour les arrangemens à prendre en faveur des personnes qui m'ont accompagné, ainsi que pour les arrangemens convenables pour ce qui me concerne et le reste de ma famille.

Nous réglerons ensuite les autres mesures qui seront la conséquence du changement de règne.

Je vous renouvelle, mon cousin, l'assurance des sentimens avec lesquels je suis votre affectionné cousin.

Signé CHARLES,

LOUIS-ANTOINE.

Conformément aux ordres de monseigneur le lieutenant-général du royaume, la cocarde et le pavillon tricolores seront substitués à la cocarde et au pavillon blancs.

Demain à huit heures du matin on arborera le pavillon tricolore. Les drapeaux et étendards des régimens demeureront renfermés dans leurs étuis. Les troupes cesseront de porter la cocarde blanche. La cocarde tricolore la remplacera lorsqu'on en aura reçu une quantité suffisante pour que toutes les troupes puissent la prendre à la fois.

Le maréchal, pair de France, commandant en chef l'armée d'expédition d'Afrique.

Comte DE BOURMONT.

Pour copie conforme :

Le lieutenant-général, chef d'état-major général,

DESPREZ.

Alger, le 2 septembre 1830.

M. le lieutenant-général Clauzel vient de prendre le commandement en chef de l'armée. En s'éloignant des troupes dont la direction lui a été confiée dans une campagne qui n'est pas sans gloire, le maréchal éprouve des regets qu'il a besoin de leur exprimer. La confiance dont elles lui ont donné tant de preuves l'a pénétré d'une vive reconnaissance. Il eût été heureux pour lui qu'avant son départ, ceux dont il a signalé le dévouement en eussent reçu le prix ; mais cette dette sera acquittée ; le maréchal en trouve la garantie dans le choix de son successeur ; les titres qu'ont acquis les militaires de l'armée d'Afrique auront désormais un défenseur de plus.

Ordre du jour du général en chef comte Clausel, du 22 octobre 1830.

Le général en chef éprouve une grande satisfaction en faisant part à l'armée du résultat de l'enquête faite à Alger sur le prétendu pillage des trésors de la Casauba.

La déclaration expresse de la commission est que rien n'a été détourné du trésor de la Casauba, et qu'il a tourné au contraire tout entier au profit du trésor de France.

La commission a reconnu qu'on avait pris à la Casauba quelques effets et quelques bijoux abandonnés par le dey et par des officiers de sa maison, et dont une partie avait déjà été prise par des Maures et des Juifs ; c'est affligeant sans doute, mais il est consolant pour le général en chef d'avoir acquis la certitude que des soldats, des sous-officiers, des officiers de troupes et d'état-major ont remis au payeur des bijoux trouvés au milieu des hardes et des meubles en désordre.

Il a été commis aussi des désordres dans quelques maisons particulières par des hommes déshonorés, comme il s'en glisse toujours quelques uns dans les armées.

En masse, l'armée n'a aucun reproche à se faire; c'est une assurance que le général en chef aime à lui donner, et qu'il aime aussi à donner à la France.

Les hommes qui ont pu s'avilir par des désordres particuliers, on les livre aux remords qui les poursuivent et les poursuivront sans cesse, et à la crainte non moins poignante d'être, comme ils le seront successivement, reconnus un peu plus tôt, un peu plus tard, pour les auteurs d'actions coupables, qui avaient donné lieu de supposer que le trésor public avait été pillé par l'armée.

Par ordre du général en chef,

Le lieutenant-général, chef de l'état-major général,

M. J. R. Delort.

L'ordre du jour du 22 octobre 1830 a été inséré au *Moniteur* du 11 novembre, dans un article ainsi conçu :

« *Avis officiel sur l'armée d'Afrique.*

« La prise d'Alger ou son trésor a été pendant long-temps le sujet des rapports les plus propres à flétrir la réputation d'hommes honorables employés à l'armée d'Afrique. Il n'est pas d'exagération, on est forcé d'en convenir, qu'on se soit épargnée pour gendarmer l'opinion contre eux, et les présenter au jugement de leurs concitoyens comme coupables des plus audacieuses et des plus graves infidélités.

« Le gouvernement ne pouvait rester indifférent à ces clameurs ; le trésor d'Alger devenu par la conquête la propriété du pays, il a dû s'assurer si cette propriété avait été violée, et si les hommes de sa confiance s'étaient rendus coupables d'infidélité.

« Une commission d'enquête a été nommée ; cette commission a procédé avec un ordre, une exactitude et une impartialité remarquables; elle s'est livrée aux opérations les plus minutieuses pour reconnaître la vérité; et cependant elle a déclaré, dans sa conviction profonde, qu'il n'y a eu aucun détournement de fonds, aucune dilapidation du trésor de la régence; et sans s'arrêter à quelques vices de forme dans la relation des faits, la commission proclame hautement que tous les bruits de soustraction et d'infidélité qui ont circulé dans le public sont autant de fables dénuées de fondement, et, dans le sentiment profond de son devoir, elle se fait une loi de les démentir de tout le poids de l'autorité de sa mission. »

(Suit l'ordre du jour rapporté plus haut.)

L'avis officiel est terminé par le paragraphe ci-après :

« On le voit, l'opinion s'était égarée dans de fausses conjectures. Espérons maintenant que, mieux éclairés, les hommes mêmes si soigneux à signaler les fautes des agens de l'armée d'Afrique, auront aussi tenu registre des services qu'ils ont rendus, et qu'ils sauront leur accorder la justice qu'ils méritent. »

FIN.

www.ingramcontent.com/pod-product-compliance
Ingram Content Group UK Ltd.
Pitfield, Milton Keynes, MK11 3LW, UK
UKHW031046260726
13965UKWH00006B/549

9 782013 250979